Clemens Pöhlmann

Kognitionspsychologische Wirkmechanismen von Werbung

Grundlagen, Methoden und ethische Beurteilung

Diplomica Verlag GmbH

Pöhlmann, Clemens: Kognitionspsychologische Wirkmechanismen von Werbung. Grundlagen, Methoden und ethische Beurteilung, Hamburg, Diplomica Verlag GmbH 2017

Buch-ISBN: 978-3-96146-519-4
PDF-eBook-ISBN: 978-3-96146-019-9
Druck/Herstellung: Diplomica® Verlag GmbH, Hamburg, 2017

Bibliografische Information der Deutschen Nationalbibliothek:
Die Deutsche Nationalbibliothek verzeichnet diese Publikation in der Deutschen Nationalbibliografie; detaillierte bibliografische Daten sind im Internet über http://dnb.d-nb.de abrufbar.

© Diplomica Verlag GmbH
Hermannstal 119k, 22119 Hamburg
http://www.diplomica-verlag.de, Hamburg 2017
Printed in Germany

Abstract

In dem vorliegenden Buch wird analysiert, wie die Kognitionspsychologie dazu beiträgt, Konsumentenentscheidungen zugunsten von Produkten zu beeinflussen. Dazu werden zunächst allgemeine Grundlagen zur Werbung und zur Werbepsychologie erläutert, der Kaufprozess skizziert und dargelegt, warum das Ursprungsmodell des homo oeconomicus nicht mehr in seinem vollen Umfang Gültigkeit besitzt. Weiterhin betrachtet dieses Buch die Wirkungsmodelle der Werbung. Damit zusammenhängend wird erläutert, wie das Lernen, das Gedächtnis, Einstellungen und das Involvement, Ansätze für Beeinflussungsversuche darstellen, die sich die Wirtschaftswerbung zunutze macht. Anschließend erklärt das Buch die Methoden, die diese Beeinflussung möglich machen. Insbesondere die Nutzung von Emotionen, Heuristiken, des Primings und Kontexteffektes, der Mere-Exposure-Effekt, sowie Reaktanz-Theorien, werden dazu näher beleuchtet. Im letzten Kapitel erfolgt eine Beurteilung der Werbemaßnahmen unter ethischen Gesichtspunkten. Daraus geht hervor, dass Werbung nach dem teleologischen Ansatz ein neutrales Instrument darstellt, solange die Grenze zur Manipulation nicht überschritten wird. Etwas kritischer verhalten sich einige Methoden der Wirtschaftswerbung unter Betrachtung anderer ethischer Ansätze. Eine Regelentwicklung soll dazu beitragen, einen verantwortungsbewussten Umgang mit Elementen der Wirtschaftswerbung zu finden. Dabei konnten im Rahmen dieses Buches folgende acht Regeln abgeleitet werden:

1. Werbung muss ehrlich und wahrheitsgemäß sein.

2. Werbemaßnahmen sind als solche klar zu kennzeichnen.

3. Das Wesen des Rezipienten darf nicht manipuliert werden.

4. Werbung darf niemals die Würde von Menschen oder Tieren verletzen.

5. Werbung muss allen gesetzlichen und selbstauferlegten Normen entsprechen.

6. Werbung muss die Regeln des fairen Wettbewerbs einhalten.

7. Werbung muss so gestaltet sein, dass sie weder anstößiges- noch ungesundes Verhalten fördert oder verharmlost.

8. Werbung darf Unwissen und mangelnde Erfahrung von Konsumenten nicht ausnutzen.

Den Abschluss dieses Buches stellt die Betrachtung einer besonders schutzbedürftigen Konsumentengruppe dar: Kinder und Jugendliche. Dabei soll analysiert werden, welchen Medienkonsum Kinder- und Jugendliche aktuell haben und welche Auswirkungen damit verbunden sind.

Inhaltsverzeichnis

ABSTRACT I

ABBILDUNGSVERZEICHNIS V

TABELLENVERZEICHNIS V

1   EINLEITUNG 1

   1.1   *Gegenstand des Buches* 1

   1.2   *Ziele des Buches* 2

   1.3   *Abgrenzung des Buches* 2

   1.4   *Methodik und Überblick über des Buches* 3

2   GRUNDLAGEN DER WERBUNG UND KOGNITIONSPSYCHOLOGIE 4

   2.1   *Begrifflichkeiten der Werbung und Kognitionspsychologie* 4

      2.1.1   Werbung 4

      2.1.2   Werbeträger und Werbemittel 5

      2.1.3   Marktpsychologie 5

      2.1.4   Kognition 6

   2.2   *Gründe für den Einsatz psychologischer Methoden in der Werbung* 6

   2.3   *Markenkommunikation* 8

   2.4   *Werbeformen* 9

   2.5   *Der Kaufprozess – Prinzipien der Kaufentscheidung* 11

      2.5.1   Wünsche ohne Kaufhandlung 11

      2.5.2   Arten von Kaufentscheidungen 12

      2.5.3   Der Einfluss der Motivation auf das Konsumentenverhalten...............14

      2.5.4   Affekte und Kognition 15

   2.6   *Die Angst vor der Beeinflussung* 16

      2.6.1   Beeinflussungsarten 17

      2.6.2   Die Auswirkung unterschwelliger Reize auf Absichten, Wünsche und Bedürfnisse 18

   2.7   *Das Ende des homo oeconomicus?* 20

      2.7.1   Grenzen des homo oeconomicus: begrenzte Rationalität...............20

      2.7.2   Grenzen des homo oeconomicus: begrenzter Eigennutz 21

      2.7.3   Urteilsverzerrungen...22

      2.7.4   Ein zusammenfassendes Fazit 26

3   WIE WERBUNG WIRKT 27

   3.1   *Wirkungsmodelle der Werbung* 27

      3.1.1   Mechanische Ansätze zur Erklärung des Konsumentenverhaltens 27

      3.1.2   Hierarchische Modelle der Werbewirkung 28

      3.1.3   Zwei-Prozess-Modelle 30

      3.1.4   Zwischenfazit 31

   3.2   *Das Lernen*..31

3.2.1   Das klassische Konditionieren 32

3.2.2   Operantes Konditionieren 34

3.3   *Das Gedächtnis* 35

3.3.1   Das Speichermodell des Gedächtnisses 36

3.3.2   Serielle Effekte bei der Kodierung: Primacy- und Recency-Effekt 38

3.3.3   Zur Beeinflussbarkeit des Gedächtnisses 39

3.4   *Einstellung und Einstellungsänderung* 41

3.4.1   Verhaltensänderung ohne Einstellungsänderung 42

3.4.2   Die Verfügbarkeit einer Einstellung 43

3.4.3   Das Modell der Elaborationswahrscheinlichkeit 43

3.5   *Das Involvement* 45

3.5.1   Arten des Involvement 45

3.5.2   Auswirkungen des Involvements für die Werbepraxis 47

3.6   *Eine zusammenfassende Wirkungsmatrix* 48

4   KOGNITIONSPSYCHOLOGISCHE METHODEN DER BEEINFLUSSUNG IN
    DER WERBUNG 50

4.1   *Das Interesse an der unterschwelligen Wahrnehmung in der Werbung* 50

4.2   *Emotion und ihre Rolle bei Kaufentscheidungen* 50

4.2.1   Die Limbic Map® als Emotions- und Motivationssystem 51

4.2.2   Das Schachter-Singer-Paradigma 54

4.3   *Entscheidungsheuristiken* 54

4.3.1   Die Verfügbarkeitsheuristik 55

4.3.2   Die Rekognitionsheuristik 56

4.3.3   Die Repräsentationsheuristik 56

4.4   *Implizites Erinnern und der Mere-Exposure-Effekt* 58

4.4.1   Effekte des impliziten Erinnerns 58

4.4.2   Der Effekt der bloßen Darbietung, der Mere-Exposure-Effekt 59

4.4.3   Anwendung in der Werbung 60

4.5   *Priming und Kontexteffekte in der Werbung* 61

4.5.1   Priming 61

4.5.2   Kontexteffekte 62

4.5.3   Priming und Kontexteffekte in der Werbung 64

4.6   *Die Konsistenztheorie* 65

4.6.1   Theorie der affektiv-kognitiven Konsistenz nach Rosenberg 66

4.6.2   Die Theorie der kognitiven Dissonanz nach Festinger 67

4.7   *Die Reaktanztheorie – Aufwertung durch Unzugänglichkeit* 68

4.7.1   Reaktanz und Beeinflussung 69

4.7.2   Einschränkung als Werbe- und Verkaufsmittel 70

4.8   *Eine zusammenfassende Methodenmatrix* 71

5   DER VERANTWORTUNGSBEWUSSTE UMGANG MIT ELEMENTEN DER
     WIRTSCHAFTSWERBUNG..74

    5.1   *Eine Erläuterung der Ethik*..74

        5.1.1   Ethik und Wettbewerb..74

        5.1.2   Formen der Ethik...74

    5.2   *Eine ethische Betrachtung der Beeinflussung*...............................75

        5.2.1   Die Uneinigkeit über die Beeinflussung in der Ethik...............75

        5.2.2   Manipulation als unethische Form der Beeinflussung............76

        5.2.3   Ethische Fragen im Umgang mit unterschwelliger Beeinflussung.........78

        5.2.4   Freiheit, Mündigkeit, Gesetzkonformität und der kategorische
                 Imperativ als weitere Anforderungen an die Beeinflussung 79

        5.2.5   Ein zusammenfassendes Fazit 80

    5.3   *Prinzipien für einen verantwortungsbewussten Umgang*..............81

        5.3.1   Gründe für die Einführung ethischer Prinzipien......................81

        5.3.2   Das Schlüsselelement Verantwortung 82

        5.3.3   Die Entwicklung ethischer Regeln für Werbetreibende.........82

    5.4   *Kindheit und Jugend im Umgang mit Werbung* 84

        5.4.1   Mediensozialisation..85

        5.4.2   Medienkonsum von Kindern und Jugendlichen......................86

        5.4.3   Werbung als Vermittler von Menschen- und Weltbildern 93

        5.4.4   Konsum und Identität 94

        5.4.5   Eine zusammenfassende Betrachtung 95

6   ZUSAMMENFASSUNG, KRITISCHE WÜRDIGUNG UND AUSBLICK 97

LITERATURVERZEICHNIS VI

Abbildungsverzeichnis

Abbildung 2-2: Das Grundmodell der Kommunikation 8

Abbildung 3-1: Behavioristisches Modell der S-R-Theorie 27

Abbildung 3-2: Neobehavioristisches Modell der S-O-R-Theorie 28

Abbildung 3-3: Das Drei-Speicher-Modell der Informationsverarbeitung 36

Abbildung 3-4: Vergessenskurve des Primacy- und Recency-Effektes 39

Abbildung 3-5: Das Elaborations-Likelihood-Modell 44

Abbildung 3-6: Zusammenfassende Wirkungsmatrix von Werbebotschaften...........49

Abbildung 4-1: Die Limbic Map® 53

Abbildung 4-2: Zusammenfassende Methodenmatrix 73

Abbildung 5-1: Gerätebesitz der Kinder 2014..87

Abbildung 5-2: Mediennutzung 2014: mache ich eher alleine 88

Abbildung 5-3: Medienbindung 2014 - Am wenigsten verzichten kann ich auf..........89

Abbildung 5-4: Nutzungsdauer verschiedener Medien durch Kinder.......................90

Abbildung 5-5: Gerätebesitz Jugendlicher 2015...91

Tabellenverzeichnis

Tabelle 2-1: Typen von Kaufentscheidungen 13

Tabelle 3-1: Drei Hierarchie-von-Effekten-Modelle..30

1 Einleitung

1.1 Gegenstand des Buches

Werbung ist allgegenwärtig. Sie begegnet uns jeden Tag, ob wir das wollen oder nicht. Gut gemachte Werbung wirkt oft faszinierend auf den Rezipienten. Sie prägt unsere Vorstellung von Ästhetik und Perfektion und unterhält uns. Die verschiedenen Werbeformen übermitteln uns dabei Informationen, die unsere Kaufentscheidungen maßgeblich beeinflussen (*vgl. Ehm, 1995, S. 130f.*). Auf der anderen Seite hat die Werbung aber auch zahlreiche Kritiker. Oft erwarten sie, dass die Werbeinformationen falsch sind und die Werbung nur versucht sie zu überzeugen, Dinge zu kaufen, die sie eigentlich nicht brauchen (*vgl. Haller, 1974, S. 13f.*). Werbung wirkt, ob wir das wollen oder nicht. Denn der Zweck der Werbung ist im Kern die Beeinflussung von Konsumentenentscheidungen zugunsten des Konsums (*vgl. Felser, 2015, S. 6f.*).

Damit dies weiterhin gelingt, werden ständig neue Werbeideen entwickelt und neue Lebensbereiche von der Werbung erobert. Laufend werden wir so an alte Produkte erinnert und auf neue aufmerksam gemacht. Die Frage, wie sich Werbung auf das Leben und Verhalten von Rezipienten auswirkt, wird von der Werbepsychologie untersucht. Dabei greift die Werbepsychologie regelmäßig auf Erkenntnisse der Kognitionspsychologie, der Verhaltens- sowie der Wahrnehmungspsychologie zurück.

Ob ein Kunde etwas kauft oder nicht, ist schon lange nicht mehr nur von sorgfältiger, rationaler und logischer Überlegung abhängig (*vgl. Kirichuk, 2008, S. 8*). Die meisten erwachsenen Menschen haben Erfahrung im Umgang mit Werbung. Die Ziele der Werbung sind ihnen häufig bewusst. Werbung versucht ein Produkt attraktiver erscheinen zu lassen, den Umsatz zu erhöhen und vorzuprägen (*vgl. Lachmann, 2003, S. 70*). Trotz dieses Wissens, entfaltet Werbung immer noch eine enorme Wirkung. Die Techniken, mit denen die Werbung auf unser Verhalten wirkt, sind komplex. Auch, weil die Werbung verschiedene Bereiche menschlicher Informationsverarbeitung anspricht (*vgl. Felser, 2015, S. 11*).

In diesem Buch werden diese kognitionspsychologischen Methoden, die die Werbeindustrie verwendet, um unser Konsumentenverhalten zu steuern, näher erläutert.
Da Werbung einen Einfluss auf den Menschen hat, sollte in diesem Zusammenhang auch die Frage nach Verantwortung aufgeworfen werden. Deswegen erfolgt neben der Darstellung der Methoden und Wirkungsmodelle der Wirtschaftswerbung, eine Betrachtung der damit in Verbindung stehenden Ethik. Mithilfe der Ethik ist es möglich, einen nachhaltigeren und verantwortungsbewussteren Umgang mit diesem Medium zu finden (*vgl. Graap, 2015, S. 2f.*).

1.2 Ziele des Buches

Einer der Hauptkritikpunkte der Werbung ist die Verstärkung des Konsumzwangs, der durch sie vorangetrieben wird (*vgl. Kroeber-Riel und Meyer-Hentschel, 1982, S. 12*). Ein Ziel dieses Buches ist es, aufzuzeigen, in welchen Formen uns Werbung begegnet. Außerdem soll dargestellt werden, in welche Phasen der Kaufprozess eingeteilt werden kann, um hier schon frühzeitig Ansätze zur Beeinflussung der Kaufentscheidung von außen herauszustellen. In diesem Zusammenhang soll auch geklärt werden, ob die idealtypische Vorstellung eines homo oeconomicus noch aufrecht zu halten ist. Warum Werbung trotz der Aufklärung über ihre Ziele dennoch so eine große Wirkung erzielt, stellte die Kernfrage dieses Buches dar. Ist es möglich, mithilfe der Kognitionspsychologie, Konsumenten wie Marionetten zu steuern?
Um diese Frage zu beantworten, versucht dieses Buch die Methoden der Werbeindustrie und ihre Wirkung herauszufinden.
Dabei sollen im Verlauf des Buches diese Werbemethoden und ihre Auswirkungen unter ethischen Gesichtspunkten kritisch betrachtet werden, um daraus Handlungsempfehlungen im Sinne des Konsumentenschutzes herauszuarbeiten. Außerdem soll abschließend noch etwas ausführlicher erläutert werden, welche Auswirkungen der Medienkonsum auf Kinder und Jugendliche hat.

1.3 Abgrenzung des Buches

Nach Behrens ist Werbung „[…] eine absichtliche und zwangfreie Form der Beeinflussung, welche die Menschen zur Erfüllung der Werbeziele veranlassen soll." (*Behrens, 1975, S. 4*). Es wird also eine bewusste, absichtliche Anwendung von Techniken und Methoden zur Beeinflussung von Kunden unterstellt, die auf die Zielerreichung von Unternehmen mit wirtschaftlichen Interessen, gerichtet ist.
Psychologische Grundlagen sollen nur insoweit dargestellt werden, wie dies für das Verständnis notwendig ist. In diesem Buch sollen hauptsächlich kognitive Formen der Beeinflussung Beachtung finden. In diesem Bereich wird jedoch nicht näher auf die neurobiologischen Grundlagen hinter den Beeinflussungsmethoden der Kognitionspsychologie eingegangen. Eine Werbeerfolgskontrolle aus wirtschaftlichen Gesichtspunkten, die Nachkaufphase, einzelne Elemente der Werbegestaltung oder Budgetierung werden ebenfalls nicht näher erläutert. Auf eine historische Betrachtung der Psychologie im Bereich der Wirtschaftswerbung soll aufgrund des Mangels an praktischer Relevanz verzichtet werden. Betrachtungsobjekt der psychologischen Wirkmechanismen ist grundsätzlich ausschließlich der zu beeinflussende Rezipient. Die Ethik soll lediglich so detailliert erläutert werden, dass sie für die Beurteilung von Beeinflussungsmethoden der Kognitionspsychologie in der Werbung dienlich ist. Um den Rahmen des Buches nicht zu sprengen, wird darüber hinaus auf eine nähere Ausführung gesetzlicher Werbebeschränkungen verzichtet.

1.4 Methodik und Überblick über das Buch

In diesem Buch wird ausschließlich theoretisch gearbeitet. Dabei werden Literatur- und Statistikrecherchen genutzt, um die Aussagen zu verifizieren. Das Buch gliedert sich insgesamt in fünf Teile.

Im ersten Teil des Buches soll ein grundlegender Überblick über die Wirtschaftswerbung gegeben werden. Es soll dargestellt werden, in welcher Form uns Werbung begegnet und wie der Kaufprozess abläuft. Darüber hinaus soll hier schon angerissen werden, dass Werbung wirkt, den Käufer also in seiner Kaufentscheidung beeinflusst. In diesem Zusammenhang wird dann auch kritisch hinterfragt, inwiefern der Mensch noch als homo oeconomicus gelten kann.

Der zweite Teil beschäftigt sich dann mit Werbewirkungsmodellen. Dabei soll auf mechanische-, hierarchische- und auf Zwei-Prozess-Modelle eingegangen werden. Es soll außerdem dargelegt werden, wie das Lernen, das Gedächtnis, Einstellungen und das Involvement, Ansätze für Beeinflussungsversuche darstellen. Am Ende dieses Kapitels werden die Erkenntnisse in einer Wirkungsmatrix zusammenfassend dargestellt.

Im dritten Teil werden die kognitiven Methoden vorgestellt, durch die eine Beeinflussung möglich wird. Dazu zählen Emotionen, Heuristiken, das Priming, Kontexteffekte, der Mere-Exposure-Effekt sowie Reaktanz-Theorien. Diese Methoden werden ebenfalls am Ende des Kapitels in einer Methodenmatrix zusammengefasst.

Der vierte Teil des Buches wird die Methoden der Wirtschaftswerbung unter ethischen Gesichtspunkten betrachten und es werden Handlungsempfehlungen für den verantwortungsbewussten Umgang erstellt. Den Abschluss dieses Kapitels stellt der Medienkonsum von Kindern- und Jugendlichen, mit den damit verbundenen Auswirkungen, dar.

Der sechste Teil des Buches bildet mit einer Zusammenfassung der Arbeitsergebnisse, sowie deren kritischer Würdigung und einem kurzen Ausblick, den Schluss dieses Buches.

2 Grundlagen der Werbung und Kognitionspsychologie

2.1 Begrifflichkeiten der Werbung und Kognitionspsychologie

Um häufig verwendete Begriffe in dieses Buches besser einordnen zu können und um einen grundlegenden Überblick über das Themenfeld der Werbepsychologie zu erhalten, sollen gleich zu Beginn einige wichtige Begrifflichkeiten in diesem Zusammenhang erläutert werden.

2.1.1 Werbung

Mit „werben" (althochdeutsch „hwerban"), war ursprünglich „sich um jemanden bemühen" oder „jemanden für sich gewinnen" gemeint. Damals wurde der Begriff Werbung vorwiegend in Verbindung mit „Soldaten werben" oder „Brautwerben" verwendet. Seit Anfang des 20. Jahrhunderts wurde die Bezeichnung „Reklame" dann von „Werbung" abgelöst und bezeichnet seit dem vorwiegend Kundenwerbung (*vgl. Wagner, 2002,   S. 14ff.*). Eine gute Werbedefinition liefert Behrens, der unter Werbung eine: „[...] absichtliche und zwangfreie Form der Beeinflussung versteht, welche die Menschen zur Erfüllung der Werbeziele veranlassen soll." (*Spanier, 2000, S. 20*). Diese Definition wirft die Frage nach den Zielen der Werbung auf.

Ziele der Werbung

Ein zentrales Ziel der Werbung ist es, ein Produkt attraktiver erscheinen zu lassen. Zwei weitere Hauptziele sind nach Lachmann das Verkaufen und die Vorprägung (*vgl. Lachmann, 2003, S. 70*). Eine ähnliche Vorstellung haben Baacke et al., nach denen Werbung Aufmerksamkeit wecken, eine Botschaft kommunizieren und dadurch eine Einstellungs- und Verhaltensänderung bewirken soll (*vgl. Baacke et al., 1993, S. 110*).

Funktionen der Werbung

Um diese Werbeziele zu erreichen, können fünf Hauptfunktionen der Wirtschaftswerbung unterschieden werden (*vgl. Kroeber-Riel, 1992, S. 612*):

1. Sie soll informieren.
2. Sie soll motivieren.
3. Sie soll sozialisieren.
4. Sie soll verstärken.
5. Sie soll unterhalten.

Je nach Situation auf dem Markt und der Zielsetzung eines Unternehmens, kann man zwischen vier Formen der Werbung unterscheiden (*vgl. Rippel, 1990, S. 54ff.*): Einführungswerbung, Durchsetzungswerbung, Verdrängungswerbung und Expansionswerbung.

In diesem Buch ist mit Werbung immer die kommerzielle Form, die sich auf Produkte oder Dienstleistungen bezieht, also die Wirtschaftswerbung, gemeint.

Das Produkt

Als Produkt soll im weiteren Verlauf: „[…] alles, was einer Person angeboten werden kann, um ein Bedürfnis oder einen Wunsch zu befriedigen", verstanden werden (*Kotler und Bliemel, 1995, S. 9*). Das Produkt ist somit als Oberbegriff für Güter- und Dienstleistungen zu verstehen, dass als Element des Austauschs mit dem Kunden eine Rolle spielt (*vgl. Kotler und Bliemel, 1995, S. 70*).

2.1.2 Werbeträger und Werbemittel

Ein Werbeträger ist ein Hilfsmittel, das die Werbebotschaft transportiert. Beispiele für Werbeträger sind unter anderem Zeitungen, Zeitschriften, sonstige Druckerzeugnisse, Filme, Litfaßsäule, Schaufenster, Rundfunk- und Fernsehsendungen.

Werbemittel sind konkrete Werbebotschaften. Sie treten unter anderem in Form von Fernsehspots, Anzeigen, Rundfunkdurchsagen, Kinowerbung, Plakate und Schaufensterdekoration auf (*vgl. Moser, 2002, S. 54f.*).

2.1.3 Marktpsychologie

Die Marktpsychologie ist ein Teilbereich der Wirtschaftspsychologie. „Gegenstand der Marktpsychologie [ist] das Erleben und das Verhalten der Menschen im Markt, d.h. in ihrer Rolle als Anbieter und Nachfrager" (*Rosenstiel und Ewald, 1979, S. 11*). Menschliches Erleben und Verhalten ist also nicht generell Gegenstand der Marktpsychologie, sondern nur die Ausschnitte, bei denen Anbieter, Nachfrager oder Funktionäre auftreten (*vgl. Rosenstiel und Neumann, 2002, S. 51*).

Werbepsychologie

„Werbepsychologie ist die Wissenschaft von den Reaktionen in Erleben und Verhalten von Menschen auf Werbung." (*Wirtschaftspsychologische Gesellschaft, 2016*). Als Teilgebiet der Marktforschung beschäftigt sich die Werbepsychologie im Schwerpunkt mit kognitiven Reaktionen auf die Werbung.

2.1.4 Kognition

Nach Raab und Unger sind: „Kognitionen alle gedanklichen Elemente, die ein Mensch über sich selbst und seine Umwelt empfinden kann: Meinungen, Erkenntnisse, Hoffnungen, Erwartungen, Gedächtnisinhalte." (*Raab und Unger, 2001, S. V*). Kognitive Prozesse beziehen sich auf die Aufnahme, Verarbeitung und Speicherung von Informationen. (*vgl. Kroeber-Riel und Weinberg, 2003, S. 225*). Die Kognitionspsychologie, als Instrument der Wirtschaftspsychologie, zeigt, wie neuronale Prozesse, denen Kaufentscheidungen zugrunde liegen, ablaufen (*vgl. Kirichuk, 2008, S. 93f.*). „Die angewandte Kognitionspsychologie bezieht auch Erkenntnisse emotionaler und motivationaler Prozesse in ihrer Wechselwirkung zu kognitiven Prozessen mit ein, um den Menschen als ganzheitliches Wesen zu beschreiben und Einstellungsbildung als Grundlage von Verhalten zu erklären" (Klusendick, 2007, S. 106).

2.2 Gründe für den Einsatz psychologischer Methoden in der Werbung

Durch die aktuell vorherrschenden Rahmenbedingungen der Märkte, wie die Globalisierung und der sich rasant entwickelnde technologische Fortschritt, wird der Wettbewerb immer intensiver. Um Wettbewerbsfähig zu bleiben, kann es sich ein Unternehmen langfristig nicht leisten, potenzielle Chancen zu ignorieren. Dazu zählt auch der Einsatz von psychologischen Erkenntnissen in der Werbung.

Gestiegene Wettbewerbsintensität

Einer der Gründe, warum uns im Alltag immer mehr Werbung begegnet und warum der Kampf um Konsumenten immer erbittertet geführt wird, ist der Wettbewerb.

Es gibt fast nur noch Käufermärkte, die sich durch einen Angebotsüberschuss auszeichnen. Neben Produkten, die die Kundenanforderungen erfüllen müssen, ist es notwendig für ein Unternehmen dafür zu sorgen, dass Kunden auch von diesem Produkt erfahren (*vgl. Kirichuk, 2008, S. 7*).

Eng damit verbunden ist die zunehmende Globalisierung, die ebenfalls eine Ursache für die steigende Wettbewerbsintensität darstellt. Durch sie steigt der Konkurrenzdruck an und führt zu einer Erhöhung der Produkt- und Markenvielfalt. Zahlreiche Märkte sind gesättigt, Produkte sind häufig komplementär und schnell verfügbar. Durch das Internet und den Trend des online-shoppings, werden Angebote leichter vergleichbar. Das schränkt die Preispolitik der Unternehmen stark ein. Heute müssen Produkte Emotionen hervorrufen und als etwas Besonderes inszeniert werden. Erfolgreich ist, wer dem Kernprodukt einen möglichst hohen Zusatznutzen hinzufügen kann. Nur so kann das Produkt als dauerhaft positiv, in den Köpfen der Konsumenten verankert werden und sich von der Konkurrenz abheben (*vgl. Weinberg, 1995, S. 99*). Um eine solche Produktaufwertung zu ermöglichen, können Methoden der Kognitionspsychologie angewandt werden, die in Kapitel 4 näher erläutert werden.

Informationsüberlastung des Konsumenten

Noch vor ungefähr hundert Jahren war es möglich, Tage oder sogar Wochen zu verleben, ohne dabei einer einzigen Anzeige zu begegnen. Heute ist ein durchschnittlicher Erwachsener täglich ca. 3000 Werbeangeboten ausgesetzt, von denen er lediglich 80 bemerkt (*vgl. Spitzer, 2007, S. 93ff.*). Einer der Gründe für die Zunahme dieses Werbevolumens sind die Werbeinvestitionen. Kurz nach der Einführung des Privatfernsehens, 1985, betrugen die Gesamtinvestitionen für Werbung in Deutschland ca. 18 Milliarden DM (*vgl. Seebohn, 1999, S. 266*). Im Jahr 2015 beliefen sich diese Zahlen bereits auf ca. 29 Milliarden Euro (*Nielsen Company GmbH, 2016*).

„Unter Informationsüberlastung oder Informationsüberschuss versteht man den Anteil der nicht beachteten Informationen an den insgesamt angebotenen Informationen." (*Kroeber-Riel und Esch, 2000, S. 10*).

Jährlich steigt das Informationsangebot durch neue Medien und eine zunehmende Digitalisierung, die durch den Ausbau von Dateninfrastrukturen in immer kürzerer Zeit, immer mehr Menschen erreicht. Dass der Konsum nicht in gleichem Maße steigt, wie die Informationszunahme, lässt sich unter anderem durch die begrenzte Informationsaufnahme der Empfänger erklären. Die Informationsüberlastung von Printmedien liegt bei über 95 Prozent und wird von digitalen Medien sogar noch übertroffen (*vgl. Kroeber-Riel und Esch, 2000, S. 12f.*).

Der gestiegene Werbeumfang sorgt dafür, dass Konsumenten einer riesigen Informationsflut ausgesetzt sind, die in ihrem vollen Umfang nicht mehr wahrgenommen, geschweige denn bewusst verarbeitet werden kann. Da ein Informationsrückgang nicht in Aussicht ist, werden Werbetreibende zukünftig gezwungen sein, alle Möglichkeiten ausnutzen, die Ihnen helfen, bewusst- oder unbewusst, die Aufmerksamkeit der Werbeempfänger zu erreichen, um eine möglichst starke Werbewirkung auszulösen.

2.3 Markenkommunikation

Versucht ein Unternehmen Informationen mit seiner Umwelt auszutauschen, erfolgt dies über Kommunikation. Der Kommunikationsprozess zwischen Werbetreibenden und Rezipienten, kann wie folgt dargestellt werden:

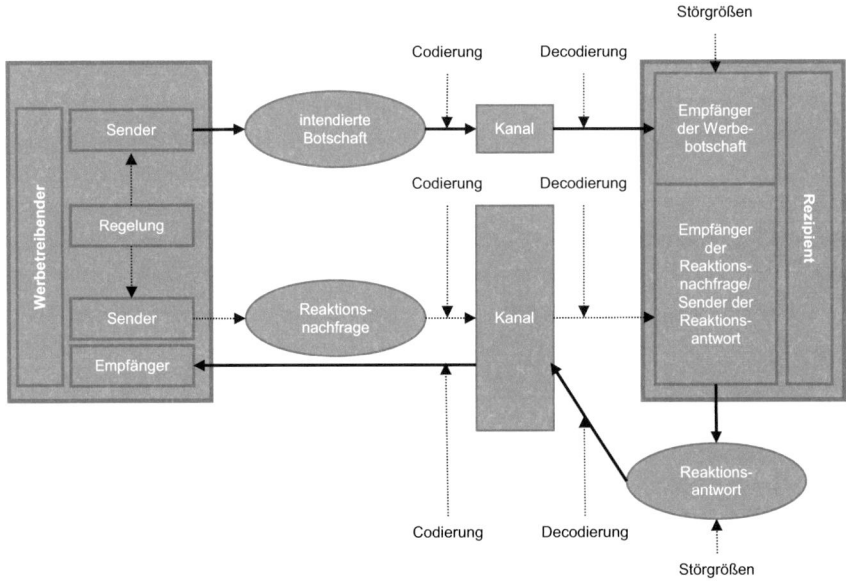

Abbildung 2-1: Das Grundmodell der Kommunikation (vgl. Leiberich, 1981, S. 175)

Gut zusammengefasst wird die Abbildung 2-2 von der Lasswell-Formel: „Who Says What In Which Channel To Whom With What Effect" (*Lasswell, 1960, S. 117*).

Ein Werbetreibender (Who) sendet eine kodierte Werbebotschaft (What) mithilfe eines Werbeträgers (Which Channel) einem potenziellen Kunden (Whom), der die Botschaft dekodiert und wo die Botschaft eine bestimmte Werbewirkung (With What Effect) auslöst (*Hermanns, 1979, S. 33f.*).

Bei der Dekodierung können Fehler auftreten, die die ursprüngliche Bedeutung der intendierten Botschaft verzerren können (*vgl. Kirichuk, 2008, S.55f.*).

Um eine ethische Beurteilung zu ermöglichen, ist es notwendig, die Kommunikations-formel durch die beiden Fragewörter: wie (How) und warum (Why), zu erweitern.

Die verwendeten Methoden bei der Werbegestaltung und die Absichten der Werbe-treibenden hinter einer Werbebotschaft, sind wichtige Faktoren bei ihrer ethischen Beurteilung.

2.4 Werbeformen

Um möglichst viele Kunden an unterschiedlichen Orten zu erreichen, haben Werbe-treibende unterschiedliche Formen der Werbung entwickelt. Der „Point of Purchase" (POP) bzw. der „Point of Sale" (POS) wird als Ort der Kaufhandlung nicht außen vor gelassen. Der markierte Boden eines Supermarktes, Einkaufswägen mit Werbe-botschaften oder die Zeitschriftenauswahl im Wartezimmer eines Arztes. Überall und in verschiedensten Formen begegnet Werbung Menschen (*vgl. Kotler und Bliemel, 1995, S. 980f.*). Im Folgenden sollen einige Werbeformen näher erläutert werden.

Verkaufsförderung

Eine Möglichkeit neben der Werbung einen Anreiz zum Kaufen zu setzten, ist die Verkaufsförderung. Zu diesen zeitlich befristeten Aktivitäten zählen: Produktproben, Gutscheine, Rückvergütungsrabatte, Sonderpreispackungen (Aktionspackungen), Geschenke, Gewinnspiele, Treueprämien, Produktnutzungsangebot, Garantieleis-stungen und Produktvorführungen, Kaufnachlässe, Gratiswaren und Händlerwettbe-werbe (*vgl. Kotler und Bliemel, 1995, S. 1004ff.*).

Blockwerbung

Blockwerbung ist die Fernsehwerbung neben dem regulären Fernsehprogramm. Dabei werden Spots ausgestrahlt, die das laufende Programm unterbrechen. Wenn es einen Bezug zwischen dem normalen Fernsehprogramm und Inhalten der Block-werbung gibt, spricht man von „Narrow Casting". Eine andere Form der Blockwer-bung ist die „Moderatorenwerbung". In dieser Werbesendung vermittelt ein Modera-tor, ähnlich wie ein Nachrichtensprecher, verschiedene Werbeinformationen. Das Format wird dabei sachlich, nüchtern und kompetent gehalten, um den Eindruck einer objektiven Informationsvermittlung zu erzeugen (*vgl. Felser, 2015, S. 14*). Die letzte Art der Blockwerbung die hier genannt werden soll, sind „Tandemspots". In einem ersten Schritt wird die vollständige Werbebotschaft in einem Basisspot ge-schaltet. Nach einer Reihe anderer Spots wird dann in einem zweiten Schritt der Reminder, eine kürzere Version der vorgeschalteten Basis, ausgestrahlt. Durch Wiederholung wird hier eine bessere Erinnerungsleistung erreicht (*vgl. Fahr, 1996, S. 70f.*).

Sponsoring

Eine Veranstaltung, die durch ein Unternehmen finanziert wurde und von allgemei-nem Interesse ist, ist eine gesponserte Veranstaltung wenn das Unternehmen bei der Veranstaltung seinen Namen zur Verbesserung des Unternehmensimages erwähnt. Das können beispielsweise Sportveranstaltungen, wie eine Fußball WM oder die Olympischen Spiele sein (*vgl. Felser, 2015, S. 14f.*).

„Der Sponsor handelt dabei im Interesse seines Unternehmens, die Förderung der jeweiligen Aktivität ist nur ein Nebeneffekt." (*Felser, 2015, S. 15*).

Das Motto von Sponsoring ist in dem Zitat: „Tu Gutes und rede darüber" gut zusammengefasst (*Bottler, 1995, S. 53*). Es geht den Unternehmen darum eine Vertrauensbasis und Glaubwürdigkeit aufzubauen. Die Öffentlichkeit soll das Unternehmen positiv wahrnehmen. Da beim Sponsoring Zielgruppen in einer nicht kommerziellen Situation angesprochen werden, können auch Zielgruppen erreicht werden, die ansonsten ein geringes Interesse aufzeigen (*Hermanns et al., 2007, S. 393ff.*).

Product Placement

Wenn in Film- und Fernsehproduktionen tatsächlich existierende Produkte verwendet werden und so konsistent dargestellt sind, dass ihr zeigen über das normale Maß hinausgeht, spricht man von Product Placement (*vgl. Felser, 2015, S. 15f.*).

Teleshopping

Teleshopping ist eine Form der Fernsehwerbung. Innerhalb einer bestimmten Zeit können die Kunden mithilfe eines Anrufs auf das vorgestellte Angebot reagieren. Man bezeichnet diese Werbeform auch als „Direct Response Television" (*vgl. Jäger, 1995, S. 114*).

Merchandising

Beim Merchandise werden populäre Themen oder Personen vermarktet. Besonders verbreitet ist Merchandise bei großen ereignisreichen Veranstaltungen, wie Konzerten, Sportveranstaltungen, Kinofilmen oder Serien. Oft werden Produkte wie: „[…] Spielzeug, T-Shirts, Mützen, Tassen, Puppen, Stickers, Ansteckbuttons, CDs mit der passenden Musik, Bildbändchen, Fähnchen, Schlüsselanhänger und so weiter", die thematisch mit der jeweiligen Veranstaltung zusammenhängen, angeboten (*Felser, 2015, S. 16*). Dabei wird die Popularität einer Sache ausgenutzt. Bei dem Film „König der Löwen" lag der Profit des Merchandise bei fast einer Milliarde Dollar. Er übertraf damit das Ergebnis an den Kinokassen um das Dreifache (*Winkler, 1995, S. 28*).

2.5 Der Kaufprozess – Prinzipien der Kaufentscheidung

Kaufen ist ein zielgerichtetes Handeln, dem unausgesprochen zugrunde liegt, dass der Kauf das Leben schöner macht. Die Kaufhandlung bezieht sich also auf die Vorstellung von einem guten Leben (*vgl. O'Shaughnessy, 1987, S. 9f.*). Möchte ein Kunde ein Produkt kaufen, durchläuft er dabei verschiedene Phasen, die im Modell des Kaufentscheidungsprozesses dargestellt werden. Dabei wird die Kaufentscheidung in sieben Phasen eingeteilt (*vgl. Hartleben, 2001, S. 99ff.*):

1. Erkenntnisphase – Ein Mangel oder Problembewusstsein wird geweckt.
2. Suchphase – Die Bedürfnisbefriedigungs- oder Problemlösungsansätze werden gezielt gesucht.
3. Vorauswahlphase – Erster Eignungstest der gefundenen Lösungen. Das Ergebnis ist die präferierte Lösungsmöglichkeit.
4. Vertiefungsphase – Detaillierte Prüfung der präferierten Lösungsmöglichkeit.
5. Kaufentscheidungsphase – Die finale Kaufentscheidung wird getroffen.
6. Dissonanzphase – Auftretende Zweifel an der Kaufentscheidung.
7. Erfahrungsphase – Konsum bzw. Anwendung des Produktes, zur Befriedigung des Bedürfnisses bzw. zur Lösung des Problems.

Grundsätzlich kann ein Konsument mithilfe der Kognitionspsychologie in allen sieben Kaufphasen beeinflusst werden. In den meisten Fällen zielt die Werbung aber vorwiegend auf die ersten vier Phasen ab. Wie Konsumenten im Kaufentscheidungsprozess beeinflusst werden, wird in den Kapiteln drei und vier näher erläutert.

2.5.1 Wünsche ohne Kaufhandlung

Nicht immer sind sich Kunden ihrer Wünsche bewusst. In diesem Fall kann man die verborgenen Wünsche wecken, indem man vernachlässigte Ziele aufzeigt. Ist die Zielerfüllung realistisch, entsteht ein Wunsch (*vgl. O'Shaughnessy, 1987, S. 12*).

Latente Wünsche

O'Shaughnessy führt als Beispiel eine Krankheit aus früheren Tagen an: Skorbut, die vor allem bei Seeleuten verbreitet war. Eine Zitrone enthält Vitamin C, das Skorbut heilt. Da die Seeleute nicht wussten, dass es eine Verbindung zwischen Vitamin C, Zitronen und Skorbut gibt, war ihr Wunsch nach Zitronen latent vorhanden. Ziel der Werbekommunikation ist es unter anderem, latente Wünsche zu wecken, indem man Verbindungen zwischen Produkten und Zielen der Konsumenten aufzeigt.

Oft geschieht dies sogar unbeabsichtigt. Der Erfinder der Teebeutel packte anfangs kleine Mengen Tee in einen Beutel, damit Kunden die Ware bequem transportieren und testen können. Diese fertig abgepackten Teebeutel ließen dann eine Nachfrage entstehen (*vgl. O'Shaughnessy, 1987, S. 29*).

Passive Wünsche

Da bei latenten Wünschen keine Verbindung zwischen den Zielen des Konsumenten und dem Produkt besteht, führen sie zu keiner Kaufhandlung. Bei passiven Wünschen kennt der Kunde diese Verbindung und führt dennoch keine Kaufhandlung durch. Für den Kunden überwiegen in einem solchen Fall die Kosten eines Produktes, den möglichen Nutzen (*vgl. O'Shaughnessy, 1987, S. 29ff.*).

2.5.2 Arten von Kaufentscheidungen

Kroeber-Riel und Weinberg (2003) unterscheiden in extensive, limitierte, habitualisierte und impulsive Kaufentscheidungen. Die verschiedenen Kaufentscheidungen sind dabei nach dem Ausmaß ihrer kognitiven Steuerung eingeteilt (*vgl. Kroeber-Riel und Weinberg, 2003, S. 368f.*):

Extensive Kaufentscheidungen

Extensive Kaufentscheidungen zeichnen sich durch eine fehlende konkrete Kaufvorstellung zu Beginn aus, die von einer ausführlichen Informationssuche und einem hohen Involvement abgelöst werden. Der Entscheidungsprozess wird ausschließlich gedanklich gesteuert und ist durch einen hohen Informationsbedarf geprägt, um Risiken und Unsicherheiten zu reduzieren. Dadurch ist die Entscheidungsdauer auch verhältnismäßig lang. Auch, weil der Konsument selten bis nie vor einer solchen Kaufentscheidung stand und nicht auf Erfahrungen zurückgreifen kann. Die Informationsaufnahme und -verarbeitung, sind hier besonders wichtig (*vgl. Kroeber-Riel und Weinberg, 2003, S. 383*). Beispielhaft kann hier der Kauf eines Hauses oder Autos genannt werden.

Limitierte Kaufentscheidungen

Bei limitierten Kaufentscheidungen greift der Konsument auf Erfahrungen und bewährte Entscheidungskriterien zurück. Sie stellt eine Übergangsform zwischen extensiver- und habitualisierter Kaufentscheidung dar. Die Entscheidungssituation ist in der Regel nicht neu und wenig schwierig (*vgl. Kroeber-Riel und Weinberg, 2003, S. 384*).

Habitualisierte Kaufentscheidungen

Zu diesen Kaufentscheidungen zählen die typischen Gewohnheitskäufe, bei denen dieselbe Marke oder das gleiche Produkt wiederholt gekauft wird. Daher laufen diese Käufe häufig emotions- und gedankenlos ab. Je höher die Produktkenntnis ist, umso weniger aktiv findet die Informationssuche und -verarbeitung statt (vgl. Kroeber-Riel und Weinberg, 2003, S. 384).

Impulsive Kaufentscheidungen
Impulsive Kaufentscheidungen sind plötzliche und spontane Handlungen, die erst vor Ort initiiert werden. Sie werden vorwiegend durch eine starke emotionale Aufladung und wenig überlegt gesteuert (vgl. Kroeber-Riel und Weinberg, 2003, S. 384). Kroeber-Riel und Weinberg unterscheiden in reine Impulskäufe, bei denen das Verhalten unmittelbar und reizgesteuert ist und erinnerungsgesteuerte Impulskäufe, bei denen ein Konsument einen Mangel zwischenzeitlich vergessen hat und während des Einkaufs bzw. beim Erblicken des Produktes wieder daran erinnert wird (vgl. Kroeber-Riel und Weinberg, 2003, S. 409f.).
Kuß und Tomczak erweitern impulsive Käufe noch durch den geplanten Impulskauf. Dieser tritt auf, wenn ein Konsument die Entscheidung trifft, ohne Ziel, einfach „shoppen" zu gehen (vgl. Kuß und Tomczak, 2007, S. 107ff.).

Welche Art von Kaufentscheidungen eintritt, ist abhängig von unterschiedlichen Faktoren. Einige dieser Faktoren sind beispielsweise die Produktart, die Situation, der zeitliche Entscheidungsdruck, soziale Einflüsse, die Art der Kaufstätte, die Produktumgebung oder persönliche Determinanten wie das Produktwissen und die individuellen Kaufbeurteilungskriterien. In Tabelle 2-1 werden die Kaufentscheidungen zusammenfassend dargestellt und nach ihren Ausprägungen unterschieden. Die Art der Kauf-entscheidung stellt einen Anhaltspunkt dar, wie emotional bzw. kognitiv empfänglich ein Kunde für eine Werbebotschaft sein wird.

	Extensiv	Limitiert	Habitualisiert	Impulsiv
Involvement	hoch	-	-	-
Informationssuche	extern & intern	intern	wenig	keine
Vorerfahrung	keine	mäßig	viel	-
kognitive Steuerung	hoch	mäßig	niedrig	niedrig
Emotionalität	hoch	niedrig	niedrig	hoch
Dauer der Entscheidungs-findung	sehr lang	lang	kurz	kurz

Tabelle 2-1: Typen von Kaufentscheidungen (vgl. Kroeber-Riel und Weinberg, 2003, S. 368f.)

Anmerkung: Ein „-" bedeutet, dass für diesen Typen keine eindeutige spezifische Ausprägung zugeordnet werden kann.

2.5.3 Der Einfluss der Motivation auf das Konsumentenverhalten

Wer erfolgreich ein Produkt verkaufen möchte, sollte sich mit den Bedürfnissen der Kunden auseinandersetzen. Ziel sollte sein, die Handlungsgründe der jeweiligen Zielgruppe herauszufinden. Diese können äußerlich, sowie innerlich sein. In der Wirtschaftswerbung konzentriert man sich schwerpunktmäßig auf die inneren Aspekte, so wie: angeborene Triebe (Hunger), erlernte Bedürfnisse (Geltungsbedürfnis) oder individuelle Wünsche (Weltreise). Motive helfen dabei, bestehende Bedürfnisse zu aktivieren. Sie sind auf einen Spannungszustand angewiesen und treten zurück, sobald sie befriedigt sind (*vgl. Felser, 2007a, S. 41*).

Bei der Motivation kann man zwischen inhalts- und prozesstheoretischen Konzepten unterscheiden. Im Folgenden wird der Einfluss der inhaltstheoretischen Sicht, also der Frage nach dem, was Menschen antreibt, erläutern.

Die inhaltstheoretische Sicht

Grundlegende Motivationskonzepte sind hier Instinkte, Reflexe oder Triebe (*vgl. Geen, 1995, S. 6ff.*). Der Einfluss von Instinkten und Reflexen hinter dem menschlichen Verhalten, setzt unveränderte Reaktionsmuster beim Menschen voraus. Diese Reaktionsmuster finden sich in der Praxis nur in Ausnahmefällen.

Bei Triebtheorien wird davon ausgegangen, dass der Mensch nicht bewusst handelt. Sein Verhalten wird von unbewussten Absichten und Zielen bestimmt. Kotler und Bliemel zitieren folgende Beispiele (*vgl. Kotler und Bliemel, 1995, S. 296*):

- Konsumenten habe etwas gegen Dörrpflaumen, da sie aufgrund ihres Erscheinungsbildes an das Alter erinnern
- Frauen verwenden aus Schuldgefühl lieber pflanzliche als tierische Fette

Neben den Instinkten, Reflexen und Trieben werden in heutigen Inhaltstheorien auch die Begriffe: Wünsche, Bedürfnisse und Ziele verwendet.

Die Idee der inhaltlichen Theorien ist, dass die grundlegenden Motive des Menschen stabil sind. Werbung kann diese nicht schaffen. Werbung hat allenfalls die Möglichkeit Motive zu wecken. Dies geschieht in Form von Anreizen. Schwache Motive brauchen starke Anreize, bei starken Motiven reichen schon schwache Anreize. Eine trockene Brotscheibe kann nur dann ein Verhalten auslösen, wenn das Motiv entsprechend stark ist. Für ein Stück Schokolade hingegen genügt schon ein schwaches Hungergefühl, damit es zur Zuwendung und zum Verhalten kommt (*vgl. Felser, 2007a, S. 42*). Die Tatsache, dass Werbung Motive nicht schaffen, sondern höchstens wecken kann, ist eine erste Erkenntnis, die darauf hindeutet, dass Menschen nicht wie Marionetten gesteuert werden können. Sie können höchstens auf mögliche Alternativen aufmerksam gemacht werden.

Viele Überlegungen gehen davon aus, dass vor der Kaufhandlung ein Mangelzustand wahrgenommen wurde (*vgl. Kotler und Bliemel, 1995, S. 8*). Nach der Theorie von O'Shaughnessy geht ein Käufer lediglich davon aus, dass es besser ist zu kaufen, als nicht zu kaufen. Ein Mangel ist nicht notwendig. Diese Theorie kann an einem einfachen Beispiel plausibilisiert werden. Wenn einer Testperson ein 50 Euro Schein und ein 100 Euro Schein angeboten wird, wird er lieber den 100 Euro Schein nehmen, auch wenn ihm gerade genau 50 Euro fehlen würden. Das Bessere hat Vorrang vor dem Guten. Die Annahme, dass am Anfang einer Kaufentscheidung ein Mangel oder Wunsch zur Bedürfnisbefriedigung vorliegen muss, ist also nicht vollständig richtig (*vgl. Felser, 2015, S. 102*).

Werbung kann allerdings die Prioritäten der Kundenziele verschieben oder neue Wege aufzeigen, um ein Ziel zu erreichen. Aktivierte Ziele lassen dann in einer Person einen Wunsch entstehen, der als konkrete Ausformulierung eines Zieles verstanden werden kann. Beispielsweise dem Wunsch nach Schutz vor UV-Strahlen, mit dem Ziel die Gesundheit zu erhalten. Das Beispiel verdeutlicht darüber hinaus, dass ein Wunsch nicht bewusst vorhanden sein muss. Wer nicht weiß, wie schädlich UV-Strahlen sind, kann trotzdem einen latenten Wunsch nach Sonnenschutz besitzen (*vgl. O'Shaughnessy, 1987, S. 16*).

Werbung leistet einen Beitrag bei der Erweckung von Wünschen. Dies geschieht, indem die Werbung Konsumenten davon überzeugt, mithilfe eines Produktes ein bestimmtes Ziel zu erreichen oder indem die Werbung dafür sorgt, dass die Zielhierarchie eines Individuums, zugunsten des werbetreibenden Unternehmens verschoben wird (*vgl. Felser, 2007a, S. 47*).

2.5.4 Affekte und Kognition

Affektive Prozesse entsprechen weitestgehend den alltagssprachlichen „Gefühlen".
Sie lassen sich in Emotionen und Stimmungen einteilen. Stimmungen sind ungerichtete, andauernde und weniger intensive Abstufungen des Erlebens.
Emotionen dagegen haben einen direkten Bezug zu einem auslösenden Ereignis.
Sie lassen sich am Ausdrucksverhalten beobachten und gehen mit physiologischen Prozessen einher (*vgl. Kroeber-Riel und Weinberg, 2003, S. 100f.*).

Neue Erkenntnisse zeigen, dass kognitive und affektive Prozesse vielfältig interagieren. So sind kognitive Prozesse wie Entscheidungsfindungen eng mit Emotionen verknüpft. Im Gegenzug sind auch kognitive Beurteilungsprozesse wesentlich an der Entstehung von Emotionen beteiligt (*vgl. Phelps, 2006, S. 27ff.*).

Ein interessanter Aspekt bei einer Kaufentscheidung ist der Unterschied zwischen affektiven und kognitiven Reaktionen. Wenn man sich spontan zwischen einer

Schokoladentorte und einem Obstsalat entscheiden soll, entscheidet man sich affektiv eher für die Schokoladentorte. Würde man über den Kauf etwas nachdenken, hätte der Obstsalat unter anderem aufgrund der zahlreichen Vitamine bessere Chancen, gewählt zu werden (*vgl. Shiv und Fedorikhin, 1999, S. 278ff.*).

Unterstellt man unterschiedliche Bewertungssysteme auf unterschiedlichen Ebenen, wird dieses Verhalten plausibler. Auf der Ebene kurzfristiger Folgen bewertet ein simpleres Bewertungssystem Annährung und Vermeidung. Dazu zählen Genuss oder Bedrohung. Dieses System ist in der Lage, auch unter starken Einschränkungen effizient zu funktionieren. Auf der Ebene langfristiger Entscheidungen bewertet ein komplexeres System Annährung und Vermeidung. Dieses System greift, sobald genügend kognitive Ressourcen vorhanden sind, und bezieht auch langfristige Ziele und übergeordnete Interessen mit ein (*vgl. Felser, 2015, S. 164ff.*). Oft ist die Vorliebe für eine Option schneller als ihre Gründe. Die Entscheidung ist gefallen, bevor Vor- und Nachteile abgewogen werden konnten. Wenn man sich bereits affektiv für eine Option entschieden hat, werden häufig die Pro- und Kontra Argumente, welche kognitiv erarbeitet werden, entsprechend angepasst. Die frühe affektive Reaktion auf die Option kann später durch rationale Überlegungen häufig nicht mehr überwunden werden (*vgl. Zajonc, 1980, S. 155*).

Damit sich die affektiven Komponenten einer Entscheidung durchsetzen, ist es nicht zwingend notwendig, dass Kognitionen eingedämmt oder geblockt sind. Der Fokus auf affektive- oder kognitive Gründe, kann ein Urteil maßgeblich beeinflussen. Fordert man Probanden auf, sich den Geschmack einer Schokoladentorte vorzustellen, fokussiert man affektive Elemente. Wenn man die Probanden hingegen auffordert, gesundheitliche Aspekte zu Schokoladenkuchen und Obstsalat aufzuschreiben, werden kognitive Elemente fokussiert (*vgl. Scarabis et al., 2006, S. 1015f.*). Daraus lassen sich, je nachdem, welches Produkt vermarket werden soll, unterschiedliche Strategien ableiten. Produkte die als eher ungesund eingestuft werden können, sollten verstärkt emotionale Elemente in der Werbegestaltung verwenden, um affektive Reaktionen und Verarbeitungsprozesse zu unterstützen.

2.6   Die Angst vor der Beeinflussung

Einer der Hauptkritikpunkte der Werbung ist die Verstärkung des Konsumzwangs, der durch sie vorangetrieben wird. Als Ursache wird dabei häufig die beeinflussende Wirkung von Werbung genannt. Wie in Kapitel 2.5.3 erläutert wurde, ist dieser Vorwurf auch nicht vollständig unbegründet.
Bemerkenswert ist hierbei, dass in entsprechenden Umfragen 70 Prozent der Befragten angeben, dass Konsumenten durch Werbeeinflüsse unnötige Käufe tätigen.

Zeitgleich geben aber 85 Prozent der Befragten an, selbst nicht der Beeinflussung durch Werbung zu unterliegen (*vgl. Kroeber-Riel und Meyer-Hentschel, 1982, S.12*). Diesen Effekt, sich selbst für weniger beeinflussbar zu halten, als andere Menschen, nennt man den „Dritte-Person-Effekt" (*vgl. Moser und Hertel, 1998, S. 147f.*).

„Einfluss bedeutet, dass ein veränderter Zustand hervorgerufen wird" (*Bierhoff, 2000, S. 338*). Beeinflussung ist durch die soziale und die physische Umwelt möglich. Zur sozialen Umwelt gehören Menschen, ihre Interaktionen und Umgangsformen, wie Werte und Normen. Die physische Umwelt teilt sich in die natürliche Umwelt wie Landschaft oder Klima und die menschengemachte Umwelt wie Gebäude oder Läden (*vgl. Kroeber-Riel und Weinberg, 2003, S. 419f.*).

Werbung beschneidet dann eine menschliche Freiheit, wenn sie die Grenzen der Beeinflussung überschreitet und manipuliert. Auf Manipulation wird im Kapitel 5.2.2 näher eingegangen.

2.6.1 Beeinflussungsarten

Konsumenten können auf zahlreiche Weisen beeinflusst werden. Dazu soll im folgende die Einteilung in drei Beeinflussungsarten vorgenommen werden:

1. Beeinflussung mit- und ohne Intention des Anbieters
Der bewusst gesteuerte und gezielte Einsatz der Beeinflussung durch kommunikative Botschaften wird als Persuasion bezeichnet (*vgl. Hartung, 2000, S. 64*). Im Rahmen der kognitiven Reaktionsanalyse nimmt man an, dass der Konsument während des Prozesses der Informationsverarbeitung neue Gedanken bildet, die nicht in der Kommunikation enthalten waren. Dabei greift er auf vorhandenes Wissen zurück und versucht die neuen Informationen damit zu verknüpfen. Diese individuell intervenierenden Variablen eines Menschen sind innere psychische Prozesse, auf die der Sender (siehe Kapitel 2.3) der neuen Informationen keinen Einfluss und keine Kontrolle hat. Diese selbst erzeugten Informationen wirken sich meist stärker auf die Einstellungsänderung aus, als die direkt kommunizierten Informationen (*vgl. Kroeber-Riel und Weinberg, 2003, S. 204ff.*).

2. Beeinflussung mit- und ohne Wahrnehmung durch den Konsumenten
Wichtig ist auch die Unterscheidung in bewusst wahrgenommene Beeinflussung, z.B. durch ein Verkaufsgespräch, und in unbewusste Beeinflussung, z.B. durch nonverbale Kommunikation, Duft oder Musik. Die unbewusste Beeinflussung oder auch subliminale Beeinflussung, der in diesem Buch eine besondere Rolle zukommt, kann weiter abgestuft werden. Im engeren Sinne versteht man unter unterbewusster Beeinflussung eine Reizdarbietung unterhalb der Reizschwelle. Etwas weiter gefasst kann eine unterschwellige Wahrnehmung auch eine Reizdarbietung sein, die ober-

halb der Reizschwelle liegt, bei der eine Identifikation des Reizes allerdings prinzipiell ausgeschlossen ist. Der dargebotene Reiz kann wahrgenommen werden, wird aber nicht beachtet. Im Wortgebrauch kann darüber hinaus unter unterschwelliger Beeinflussung auch ein Prinzip verstanden werden, dass nicht durchschaut wird (*vgl. Felser, 2015, S. 125f.*).

3. Erwünschte- und unerwünscht empfundene Beeinflussung

Ein entscheidendes Kriterium ist aus Kundensicht das Empfinden während der Beeinflussung. Fühlt sich ein Kunde sachkundig und gut beraten, wird er die Beeinflussung als positiv empfinden. Ebenso positiv wird die Beeinflussung empfunden, wenn sie durch eine angenehm gestaltete Ladenatmosphäre hervorgerufen wird. Wird ein Kunde jedoch aufdringlich, unsensibel oder inkompetent beraten, empfindet er die Beeinflussung als negativ und die Wahrscheinlichkeit, dass der Bumerang-Effekt auftritt, steigt (siehe Kapitel 4.7.1). Häufig verhält sich der Konsument dann entgegengesetzt zur Beeinflussungsrichtung (*vgl. Rosch und Frey, 1997, S. 301f.*).

2.6.2 Die Auswirkung unterschwelliger Reize auf Absichten, Wünsche und Bedürfnisse

Erste Versuche die Wirksamkeit von unterschwelligen Reizen nachzuweisen, belegten eher ihre Wirkungslosigkeit. So wiesen Greenwald et al. (1991) nach, dass Selbsthilfe-Kassetten, die unterschwellige Reize enthielten, keinen Effekt auf die Steigerung des Selbstwertgefühls haben, der über einen Placebo-Effekt hinausgeht. Auch die Meta-Analyse von Trappey (1996) zeigte bei der Analyse von 23 veröffentlichten Studien, dass die Effektstärke für die Beeinflussung von Produktentscheidungen eher gering ist. Egermann et al. (2006) stellten fest, dass unterschwellige Botschaften in der Musik keinen Einfluss auf die Wahl eines Mineralwassers haben. Moore (1982) unterteilt subliminale Effekte in „starke" und „schwache". Mit starken Effekten meint Moore, dass die unterschwellige Botschaft zur Ausführung eines direkten Befehles führt. Dies ist nach jüngsten Erkenntnissen mit unterschwelligen Reizen nicht möglich (*vgl. Felser, 2015, S. 126f.*). Es kann also an dieser Stelle bereits festgestellt werden, dass Konsumenten nicht wie Marionetten fremdgesteuert werden können. Es ist allerdings möglich, bestimmte Verhaltensweisen wahrscheinlicher zu machen, als andere.

Bei schwachen subliminalen Effekten ist eine unspezifische Aktivierung im Sinne eines Primings gemeint, auf das in Kapitel 4.5.1 näher eingegangen wird.

Karremans et al. (2006) zeigten in einem Experiment, dass durch das Präsentieren von unterschwelligen Markennamen aus der Getränkeindustrie die Wahl des Produktes, sowie dessen Konsummenge beeinflusst werden konnte. Allerdings nur bei durstigen Probanden. Mit der Aktivierung von positiven Affekten steigt der Anreizwert für ein Getränk. Ein Verhalten setzt allerdings nur dann ein, wenn der Proband das passende Motiv (Durst) hat.

Damit unterschwellige Reize erfolgreich in der Werbung eingesetzt werden können, ist es deswegen notwendig die Ziele, Bedürfnisse und Motive der Kundengruppe genau zu kennen (*vgl. Felser, 2007a, S. 234*).

Dass Konsumenten durch subliminale Beeinflussung nicht wie Marionetten gesteuert werden können, liegt mitunter daran, dass ihr Einfluss nur unter ganz bestimmten Rahmenbedingungen wirkt:

1. Ein Motiv bzw. Bedürfnis muss bereits vorliegen (*vgl. Strahan et al., 2003, S. 556ff.*).
2. Produkte die mithilfe von unbemerkter Beeinflussung beworben werden, werden nur dann häufiger gewählt, wenn die Produkte auch grundsätzlich positiv bewertet werden. Die zugrundeliegende Einstellung einer Person bestimmt die Reaktion auf eine Werbebotschaft maßgeblich (*vgl. Cesario et al., 2006, S. 893ff.*).
3. Eine reaktante Einstellung gegenüber der Werbung verhindert deren intendierte Wirkung und kann sogar Ablehnung hervorrufen. Der Rezipient muss also empfänglich für die Werbebotschaft sein (*vgl. Chartrand et al., 2007, S. 719ff.*).
4. Das Bemerken des Beeinflussungsversuches schwächt seine Wirkung und kann Reaktanz hervorrufen (*vgl. Ferraro et al., 2009, S. 163ff.*).
5. Ein hohes Involvement (siehe Kapitel 3.5) und eine bewusste Verhaltenskontrolle schwächen den Effekt von subliminalen Stimuli zur Beeinflussung (*vgl. Kruglanski et al., 1996, S. 479ff.*).

Eine direkte Verbindung von Wahrnehmung und Verhalten, so wie das beim behavioristischen Modell der S-R-Theorie (siehe Kapitel 3.1.1) der Fall ist, existiert deswegen in den seltensten Fällen. Auch, weil in der Realität subliminale Reize schnell von anderen Reizen überlagert werden.

Ob unterschwellige Reize einen stärkeren Einfluss auf das Verhalten von Konsumenten haben, als überschwellige Reize, ist unklar. Kroeber-Riel und Weinberg vertreten die aktuell anerkannte Meinung, dass überschwellig dargebotene Reize, deren Beeinflussungswirkung nicht durchschaut werden, am wirksamsten sind (*vgl. Kroeber-Riel und Weinberg, 2003, S. 275f.*). Genau diese Methoden sollen in Kapitel 4 näher vorgestellt werden.

2.7 Das Ende des homo oeconomicus?

Trotzdem sich die Ökonomie und die Psychologie im Kern mit der Erklärung von menschlichen Verhalten beschäftigen, teilen die beiden wissenschaftlichen Disziplinen nicht unbedingt die gleiche Vorstellung vom Menschen. Das grundlegende Verhaltensmodell der Ökonomie befasst sich mit dem menschlichen Verhalten auf Märkten. Dabei werden nur wenige psychologische Faktoren berücksichtigt. Der homo oeconomicus, als rationales und emotionsloses Individuum, das zwischen Kosten- und Nutzen Alternativen immer die für ihn vorteilhafteste Variante wählt, stellt nach ökonomischer Auffassung den Prototypen eines Menschen dar (*vgl. Scheier und Held, 2012, S. 59*).

Entscheidungen trifft er (*vgl. Frey und Benz, 2007, S. 2f.*):

1. rational – kognitive Einschränkungen werden ausgeblendet,
2. mit unbeschränkter Willenskraft – Emotionen und Kontrollverluste werden ausgeblendet,
3. und eigennützig – soziale Präferenzen werden nicht berücksichtigt.

In den letzten drei Jahrzehnten wurden diese neoklassischen Annahmen kritisiert und das ökonomische Verhaltensmodell wurde um psychologische Aspekte erweitert. Grenzen ökonomischen Handelns ergeben sich alleine schon aufgrund von beschränkter Rationalität, beschränktem Eigennutzen und einem subjektivem Wohlbefinden. Auf die beiden erstgenannten Einschränkungen des homo oeconomicus, soll an dieser Stelle näher eingegangen werden.

2.7.1 Grenzen des homo oeconomicus: begrenzte Rationalität

Dass die dem homo oeconomicus zu Grunde liegende Erwartungsnutzentheorie nicht immer in der Lage ist, menschliches Verhalten richtig vorherzusagen, kann unter anderem mit kognitiver und emotionaler Beschränkung erklärt werden.

Dazu zählen die Einflüsse von Verhaltensanomalien, von denen an dieser Stelle drei Beispielhaft genannt werden sollen. Menschen neigen dazu, versunkene Kosten („sunk costs") in ihren Entscheidungen zu berücksichtigen. Diese vergangenen Aufwendungen sollten keine Grundlage für wirtschaftliche Entscheidungen darstellen, da für solche Entscheidungen nur die zukünftig erwarteten Kosten und Nutzen relevant sind. Ein anderes Beispiel sind Opportunitätskosten. Diese werden weniger beachtet, als direkte Geldkosten in gleicher Höhe. Eine dritte Anomalie ist der Besitzeffekt („endownment effect"). Gegenstände die man besitzt werden höher bewertet, als die gleichen Objekte, die man nicht besitzt.

Um eine Vorstellung davon zu haben, wie viele weitere Anomalien die Rationalität von Menschen untergraben, sollen hier noch einige weitere kurz aufgezählt werden: Verfügbarkeitseffekt, Verankerung, Sicherheitsstreben, Verzerrung kleiner Wahrscheinlichkeiten, Referenzpunkteffekt oder Darstellungseffekt. Es ist also ersichtlich, dass die Erwartungsnutzentheorie menschliches Verhalten aufgrund von fehlender Rationalität nur unzureichend beschreiben kann (*vgl. Frey und Benz, 2007, S. 10f.*). Auf einige weitere Urteilsverzerrungen, die rationales Handeln untergraben, wird an späterer Stelle in diesem Kapitel noch näher eingegangen.

Dadurch, dass Menschen spontanen Versuchungen erliegen, die mitunter konträr zu ihren eigentlichen langfristigen Absichten stehen, ergibt sich neben Anomalien eine weitere Einschränkung rationalen Handelns: das Selbstkontrollproblem. Ursache dieses Problems ist die beschränkte Willenskraft von Menschen. Einer kurzfristigen Präferenz, wie dem Konsum einer Zigarette, wird eher nachgegeben, als dem Verfolgen des langfristigen Eigeninteresses, der Erhaltung der Gesundheit (*vgl. Frey und Benz, 2007, S. 13).*

Eine weitere Einschränkung rationalen Handelns findet sich im Einfluss menschlicher Emotionen. Oft stehen starke emotionale Entscheidungen sogar direkt im Widerspruch zu rational eigennützigen Entscheidungen. Aufgrund der Komplexität von emotional-kognitiven Vorgängen, ist es schwierig den Einfluss von Emotionen in realen ökonomischen Situationen zu untersuchen. Dies liegt auch daran, dass Emotionen ein rationales Verhalten nicht automatisch ausschließen (*vgl. Frey und Benz, 2007, S. 13f.*).

2.7.2 Grenzen des homo oeconomicus: begrenzter Eigennutz

Das Modell des homo oeconomicus geht davon aus, dass Menschen eigennützig handeln. In vielen Situationen trifft diese Prognose auch zu. Hier sollen drei Anwendungsbereiche dargestellt werden, die sich durch eine beschränkte Eigennützigkeit auszeichnen.

Ein wichtiger Einfluss bei der Wahl von Entscheidungen sind soziale Präferenzen, wie Fairness und Reziprozität. Fairness bedeutet, dass Menschen eine gleichmäßige Verteilung von materiellen Produkten unter Tauschpartnern anstreben. Mit Reziprozität ist gemeint, dass Menschen das zurückgeben, was sie vorher erhalten haben. Ein freundliches und faires Verhalten wird belohnt und unfreundliches, unfaires Verhalten wird bestraft. Um eine Strafe zu verhängen nehmen Menschen sogar zusätzliche Aufwendungen in Kauf. Bei mehreren Beteiligten kann eine konsequente Nutzenmaximierung, der jeweiligen Individuen, häufig ohnehin nicht erreicht werden, da sich einige Ziele konträr verhalten. Bei solchen Kooperationen müssen deswegen Kompromisse gemacht werden (*vgl. Rothermund, 2003, S. 29f.*). In solchen Fällen muss das Modell der Nutzenmaximierung erweitert werden, beispielsweise durch den Katalog zur Charakterisierung optimaler und fairer Strategiekombinationen (*vgl. Nash, 1950, 155f.*). Besonders stark wirken sich Effekte sozialer Präferenz, die mit dem Verhaltensmodell des homo oeconomicus nicht vereinbar sind, in unvollständigen Märkten aus, die vertraglich wenig reguliert sind (*vgl. Frey und Benz, 2007, S. 14f.*).

Einen weiteren Anwendungsbereich stellt der Einfluss von intrinsischen Motiven und der persönlichen Identität dar. Nach dem ökonomischen Ansatz reagieren Menschen systematisch auf relative Preisänderungen. Der Preisanreiz, der von außen kommt, bestimmt unter anderem das Verhalten. Bei dieser Betrachtung werden alternative Triebkräfte des Menschen, wie intrinsische Motivation oder das Selbstbild vernachlässigt. Bei intrinsischen Motiven werden Aktivitäten ihrer selbst willen gemacht. Dabei haben sie einen starken Einfluss auf die Arbeitsmoral, die freiwillige Einhaltung von Regeln und das Kaufverhalten von Menschen. Haben Individuen eine stark ausgeprägte Identität, aus der sie einen großen Nutzen ziehen, werden mitunter Entscheidungen getroffen, die dem engen Eigennutzkalkül widersprechen (*vgl. Frey und Benz, 2007, S. 15f.*).

Abschließend sei noch die Rolle uneigennützigen Verhaltens in sozialen Dilemma-Situationen, zur Überwindung von Marktversagen genannt, die der ökonomische Ansatz des homo oeconomicus ebenfalls ausblendet (*vgl. Frey und Benz, 2007, S. 17f.*).

2.7.3 Urteilsverzerrungen

Wie oben bereits beschrieben wurde, unterliegt der Mensch bei der Wahl seiner Entscheidungen zahlreichen inneren Einflüssen, die ein rationales Handeln in vielen Situationen unmöglich machen. Einige dieser Urteilsverzerrungen, die auch in der Werbung Anwendung finden, sollen hier vorgestellt werden:

Geringe Wahrscheinlichkeiten
Die Tendenz geringe Wahrscheinlichkeiten zu überschätzen ist eine davon. Menschen gewichten kleine Wahrscheinlichkeiten überproportional stark. Beispielsweise die Wahrscheinlichkeit eines Einbruchs oder die Wahrscheinlichkeit durch einen Terrorangriff ums Leben zu kommen (*vgl. Jungermann et al., 2005, S. 225*).

Vergleichsasymetrien

Eine andere Urteilsverzerrung stellen sogenannte Vergleichsasymetrien dar. Hier werden eigentlich kommutative Alternativen unterschiedlich bewertet, je nachdem, wie sie präsentiert werden. Wird Objekt A mit Objekt B verglichen, sollte das Ergebnis dasselbe sein, wie wenn Objekt B mit Objekt A verglichen wird. Dies ist aber nicht zwangsläufig der Fall. Die Reihenfolge der Präsentation beeinflusst das Urteil (*vgl. Tversky, 1977, S. 327ff.*).

Die Ursprungsabhängigkeit

Je nach Ursache werden ökonomisch gleichwertige Optionen unterschiedlich bewertet. In einem Versuch gab man Probanden einen Kaffeebecher. Dem einen Teil erzählt man, sie haben den Becher aufgrund von außerordentlicher Leistung erhalten, dem anderen Teil, sie hätten einfach Glück gehabt und den Kaffeebecher gewonnen. Anschließend sollten die Probanden angeben, zu welchem Betrag sie den Kaffeebecher wieder verkaufen würden. Teilnehmer, die den Kaffee aufgrund von guten Leistungen erhalten hatten, verlangten durchschnittlich 6,35 Dollar für den Becher. Die Teilnehmer, denen man erzählt hat, sie hätten einfach nur Glück gehabt, wollten durchschnittlich nur 4,71 Dollar (*vgl. Loewenstein und Issacharoff, 1994, S. 159ff.*).

Die Ursprungsabhängigkeit stellt für das Marketing also eine Möglichkeit dar, ein Objekt aufzuwerten, ohne es zu verändern. So ist derselbe Kuchen wertvoller, wenn er selbst gebacken ist, als wenn er eingekauft wurde. Ebenso ist die Gitarre des Led Zeppelin Gitarristen Jimmy Page wertvoller, als ein identisches Modell im Musikladen. Angewandt wird dieses Prinzip im Marketing in Form von Storytelling.

Der Ankereffekt

Beim Ankereffekt passt sich das numerische Urteil von Menschen durch die Vorgabe einer beliebigen numerischen Information an die Vorgabe an. Die Vorgabe wird als Anker genutzt. In einem Versuch sollten Probanden den Preis eines Koffers schätzen. Bevor die Untersuchung begann, teilte man den Probanden mit, dass eine angebliche Vorgängergruppe entweder 36 Euro oder 560 Euro geschätzt hatte. Bei einem niedrigen Anker, den 36 Euro, schätzten die Probanden den Preis des Koffers auf Durchschnittlich 73 Euro. Bei dem hohen Anker auf 410 Euro (*vgl. Felser, 2015, S. 186f.*).

Dass der Ankereffekt bei Produktlaien eine starke Wirkung entfaltet, überrascht wenig. Dass aber auch Experten sich von diesem Effekt beeinflussen lassen, konnten Northcraft und Neale (1987) belegen. Sie konnten nachweisen, dass der geschätzte Hauswert bei professionellen Maklern um zehn Prozent differierte, abhängig von den Ankervorgaben.

Eine andere Werbeanwendung ist das Prinzip: kauf zwei, nimm drei. Wenn beispielsweise drei Baseballkappen verkauft werden sollen, sollten zwei Baseballkappen für 15 Euro und die dritte für 0 Euro angeboten werden. Ökonomisch gleichwertig wäre es, die drei Kappen für jeweils 10 Euro anzubieten. Durch das setzten eines Ankers von 15 Euro, wird der Preis von 0 Euro bei der dritten Kappe, im Kontrast, bei der Kaufentscheidung überbewertet (*vgl. Bauer, 2000, S. 12*).

Die mentale Buchführung

Wie unterschiedlich zwei ökonomisch gleichwertige Situationen bewertet werden, wird auch am Phänomen der mentalen Buchführung deutlich.

In einem Fall kauft ein Kinobesucher eine Kinokarte für 10 Euro und verliert diese im Anschluss. In einem anderen Fall stellt ein Kinobesucher vor dem Kauf eines Kinotickets fest, dass er 10 Euro aus seinem Portemonnaie verloren hat. Rational gesehen ist der ökonomische Verlust gleich. Man könnte also davon ausgehen, dass sich ein homo oeconomicus im Anschluss an eine der beiden Situationen gleich verhält. In Ihrem Experiment stellten Tversky und Kahneman allerdings fest, dass bei Verlust der Kinokarte nur 46 Prozent und bei Verlust des Geldes ganze 78 Prozent der Probanden erneut ein Ticket kaufen würden, um den Film doch noch zu sehen (*vgl. Tversky und Kahneman, 1981, S. 453ff.*).

Das unterschiedliche Verhalten der Probanden wird dadurch begründet, dass die beiden Sachverhalte unterschiedlich kategorisiert werden. Im ersten Fall wird der Verlust der Karte bereits dem Kinobesuch zugeordnet. Ein erneuter Kauf würde die Konsumhandlung auf 20 Euro verteuern. Das verlorene Geld im zweiten Fall wird anders   kategorisiert. Der Verlust wird hier nicht dem Kinobesuch zugeordnet.

Grund für dieses Kategorisierungsproblem ist die mentale Buchhaltung. Menschen ordnen ihren Aufwendungen bestimmten mentalen Konten zu (*vgl. Felser, 2015, S. 181ff.*).

Mit diesem Modell kann man auch erklären, warum Menschen nach dem Kauf eines Artikels, wie einer Spielekonsole, selten erneut ein Produkt erwerben, dass dem „Freizeitkonto" zugeordnet werden kann. Der Kauf eines neuen Computers, der dem „Arbeitskonto" zugeordnet werden kann, kommt hingegen sehr wohl in Frage.

Die Zuweisung zu Konten erfolgt graduell. Je nachdem, wie subjektiv repräsentativ ein Produkt ist, kann der Kauf auch mehrere Konten belasten. „Je repräsentativer ein Ereignis für das kontoerstellende Ziel ist, mit einem um so höheren Gewicht wird es in dieses Konto eingetragen werden" (*Brendl et al., 1998, S. 94*).

Reaktanz und Gesetze

Ökonomisch nimmt der Nutzen eines Produktes ab, wenn sein Preis steigt, ohne dass gleichzeitig der Wert steigt. Eine Steuer erhöht den Preis eines Produktes, ohne dass der Wert desgleichen steigt. Dadurch nimmt sein Nutzen ab. Aus rein ökonomi-

scher Sicht wäre eine Abwertung des Produkts zu erwarten, die einer Freiheitseinschränkung gleichkommt. Diese Abwertung kann allerdings häufig durch den Reak-
tanzeffekt ausgeglichen werden (*vgl. Wicklund, 1970, S. 8ff.*). Dieser Effekt ist eine
Erklärung, warum Steuern auf Genussmittel selten zu einer Verbrauchsminderung
führen. Eine stabile Präferenz kann dadurch aufrechterhalten werden, dass die
Effekte der psychologischen Reaktanz dem geringeren Gesamtnutzen entgegenwir-
ken (*vgl. Felser, 2015, S. 237*). Auf die Reaktanz wird in Kapitel 4.7 noch näher
eingegangen.

Der Einfluss irrelevanter Informationen
Wenn sich in einer Box 20 grüne und 15 rote Handschuhe befinden und Probanden
gefragt werden, wie viele Handschuhe entnommen werden müssen, um sicher ein
gleichfarbiges Paar zu besitzen, setzten bei ihnen intensive kognitive Prozesse ein.
Dabei hat die Verteilung der Handschuhe keine Relevanz für die Beantwortung der
Frage hat. Bei zwei Farben hat man spätestens nach der dritten Entnahme ein
gleichfarbiges Paar (*vgl. Felser, 2015, S. 183*).
Dieses Beispiel verdeutlicht, dass Informationen genutzt werden, wenn sie zur
Verfügung stehen. Diese Tendenz kann zu suboptimalen Entscheidungen führen, da
nicht alle Informationen wichtig oder relevant sind.

Der Verwässerungseffekt
Einer Versuchsgruppe werden zwei Personenbeschreibungen vorgestellt. Auf dieser
Grundlage sollen die Probanden beurteilen, wer mit größerer Wahrscheinlichkeit
Kinder misshandelt.
„Franz neigt zu abnormalen sexuellen Phantasien, hatte eine schlimme Kindheit und
trinkt zu viel. Fritz neigt zu abnormalen sexuellen Phantasien, ißt gerne Pizza, hatte
eine schlimme Kindheit, arbeitet in einem Geschäft für Herrenoberbekleidung und
trinkt zu viel" (*Felser, 2015, S. 183f.*).
Das größere Risiko wird bei einem solchen Versuch Franz zugesprochen. Die
Merkmale von Franz entsprechen anscheinend den Vorurteilen, die Menschen von
Pädophilen haben. Fritz hat dieselben Merkmale, nur wurde die Beschreibung noch
um einigen zusätzlichen Informationen erweitert, die für die Kategorisierung allerdings unerheblich sind. Trotzdem beziehen Menschen diese nicht diagnostischen
Informationen in ihr Urteil mit ein (*vgl. Nisbett et al., 1981, S. 248ff.*).
Erklärbar ist dieser Effekt mit der Repräsentationsheuristik, die in Kapitel 4.3.3 näher
beschreiben wird. Franz ist für die Probanden repräsentativer für die Kategorie
Kinderschänder.
Möchte man also diagnostische Informationen schwächen, kann man werbetech-
nisch auf den Verwässerungseffekt zurückgreifen. Möchte ein Kunde beim Ge-
brauchtwagenkauf erfahren, wie wahrscheinlich eine baldige Reparatur ist, wären

diagnostische Merkmale unter anderem das Alter, der Kilometerstand oder bisherige Unfälle. Wenn der Verkäufer seine Verkaufszahlen erhöhen möchte, kann er undiagnostische Informationen (wie Bereifung, Spritverbrauch, Ausstattung) in das Verkaufsgespräch einflechten (*vgl. Felser, 2015, S. 184*).

Der Mensch neigt dazu Informationen zu nutzen, sobald er sie hat. Dies trägt häufig zur Verschlechterung des Urteils bei, auch wenn die Informationen diagnostisch für das Urteil sind (*vgl. Gigerenzer und Goldstein, 1999, S. 19*).

2.7.4 Ein zusammenfassendes Fazit

In jüngster Vergangenheit kann man den Einzug psychologischer Elemente in den ökonomischen Bereich beobachten. Einer der betroffenen Bereiche ist auch das Verhaltensmodell des homo oeconomicus. Die Ansicht, der Mensch handle ausschließlich rational und eigennützig gilt als überholt. Die Bedeutung von Verhaltensanomalien, Aspekte der Selbstkontrolle, der Einfluss von Emotionen, soziale Präferenzen, Identität, intrinsische Handlungsmotive und Urteilsverzerrungen haben zu einer Annährung von Psychologie und Ökonomie geführt. Die vermutlich noch weiter steigende Interaktion und Vernetzung dieser beiden Disziplinen hat nicht dazu geführt, dass man vom Ende des homo oeconomicus sprechen kann. Es fand und findet vielmehr eine Weiterentwicklung statt, die notwendig ist, um menschliches Verhalten auf Märkten besser vorhersagen zu können (*vgl. Frey und Benz, 2007, S. 21*).

Darüber hinaus wurde ersichtlich, dass der Einsatz kognitionspsychologischer Methoden, wie die der Urteilsverzerrungen, Konsumenten beeinflussen kann. Zwar können Sie nicht wie Marionetten gelenkt werden, es ist aber möglich, mit ihrer Hilfe bestimmte Kaufwahrscheinlichkeiten zu erhöhen und Kaufhandlungen in eine gewollte Richtung zu lenken. Dazu werden verschiedenste Werbeformen verwendet, die möglichst viele Bereiche des menschlichen Lebens berühren.

3 Wie Werbung wirkt

3.1 Wirkungsmodelle der Werbung

Werbewirkungsmodelle haben vier Hauptfunktionen (*vgl. Moser, 1997, S. 282f.*):

1. Werbewirkungsmodelle *erklären* die Entstehung der Werbewirkung.
Oft werden verschiedene Ebenen unterschieden, die bestimmte Wirkungen erwarten lassen.
2. Sie stellen eine Grundlage für Entscheidungen der *Werbegestaltung* dar.
3. Durch sie bestimmen sich die geeigneten *Testmethoden für die Messung von Werbewirkung*.
4. Sie definieren *Werbeziele*. Um einen möglichst hohen Werbeerfolg zu haben, kann es sein, dass es beispielsweise notwendig ist, die Aufmerksamkeit, das Verständnis der Werbebotschaft oder die Einstellung zum Produkt zu ändern.

3.1.1 Mechanische Ansätze zur Erklärung des Konsumentenverhaltens

Ein Denkmodell, mit dem Oberbegriff S-R-Theorie, dominierte lange Zeit die Konsumentenpsychologie. *S* steht dabei für Stimulus und *R* für Reaktion oder Response. Dahinter steht die Idee, dass ein Verhalten von bestimmten Reizen abhängig ist. Wenn man diese Reize verstanden hat, kann man auch das Verhalten erklären und vorhersagen. Die nicht beobachtbaren psychischen Phänomene, die sich zwischen Stimulus und Reaktion befinden, wurden dabei nicht berücksichtigt (vgl. Abbildung 3-1).

Abbildung 3-1: Behavioristisches Modell der S-R-Theorie (vgl. Felser, 2015, S. 9)

Das Verhalten konnte nach diesem Modell nur mit beobachtbaren Stimuli erklärt werden. Personenunterschiede wie Motive, Temperamente oder Einstellungen können höchstens in ihren Auswirkungen beobachtet werden. Einfach abgeleitet würde nach der S-R-Theorie Werbung als Stimulus immer ein bestimmtes Kaufverhalten als Reaktion hervorrufen. Führt die Werbung nicht zum Kauf, muss sie so lange angepasst werden, bis sie das Verhalten hervorruft.

Es ist naheliegend, die Werbung als Stimuli und das Kaufverhalten als Reaktion zu sehen. Die vermittelnden Prozesse des Organismus, wie Bewertung und Entscheidung zwischen Stimuli und Reaktion, werden bei S-R-Theorien außer Acht gelassen, weswegen sie heute als überholt gelten (*vgl. Baacke et al., 1993, S. 122*).

Nach dem neobehavioristischen Ansatz wird die Black Box, wie in Abbildung 3-2 zu sehen ist, durch den Organismus ersetzt. Dieser von Rosenstiel und Neumann entwickelte Ansatz, S-O-R-Theorie genannt, gesteht, dass die Reaktion auf gleiche Stimuli nicht immer gleich ausfallen muss.
Jeder Organismus besteht aus intervenierenden Variablen, die bestimmen, wie ein Stimulus wirkt (*vgl. Felser, 2015, S. 9*).

Stimulus		Organismus		Reaktion
Marketing-stimuli	Umwelt-stimuli	Faktoren aus dem Hinter-grund des Käufers	Prozess der Kaufentscheidung	Produktwahl Markenwahl Kaufstättenwahl Kaufzeitpunkt Kaufmenge
Produkt Preis Distribution Kommunikati-on	Konjunktur Technologie Politik Kultur	Kulturelle Soziale Persönliche Psychologische	Problemerkennung Informationsgewinnung Informationsbewertung Lernen Einstellungsbildung Entscheidung Nachkaufverhalten	

Abbildung 3-2: Neobehavioristisches Modell der S-O-R-Theorie (vgl. Kotler et al., 2007, S. 277)

Ein Stimulus (z.B. ein Werbespruch) wird vom Organismus verarbeitet (z.B. durch Motivations-, Entscheidungs- oder Lernprozesse) und führt zur Reaktion (z.B. ein verändertes Konsumverhalten).

3.1.2 Hierarchische Modelle der Werbewirkung

Die intervenierenden Variablen, die als Organismus zusammengefasst, die Lücke zwischen Stimulus und Reaktion geschlossen haben, werden häufig als Stufen- oder Hierarchische Modelle beschrieben. Die Werbewirkung wird hier als das „geordnete Durchlaufen verschiedener Wirkungsstufen und –ebenen" dargestellt (*Moser, 1997, S. 270*). Damit die nächsthöhere Stufe wirken kann, muss es zunächst eine erfolgreiche Wirkung auf den darunterliegenden Stufen gegeben haben.

AIDA

Das wohl bekannteste hierarchische Modell zur Werbewirkung ist das AIDA-Modell, das 1898 von Elmo Lewis entwickelt wurde. Dabei stehen die Buchstaben jeweils für einzelne Elemente einer bestimmten Sequenz von Reaktionen und Verhaltensweisen (*vgl. Kirichuk, 2008, S. 71f.*).

A   – Attention: Die Aufmerksamkeit des Rezipienten wird geweckt.

I   – Interest: Nach der Aufmerksamkeit kann ein Interesse entstehen.

D   – Desire: Nach dem Interesse muss ein Konsumwunsch entstehen.

A   – Action: Das letzte Element der Sequenz ist dann die Konsumhandlung.

Beim AIDA-Modell ist unklar, ob es sich um ein präskriptives oder ein deskriptives Modell handelt (*vgl. Moser, 1997, S. 271*). Zeigt das Modell, wie Werbung wirken soll, oder wie sie wirkt? Präskriptiv würde bedeuten, dass ein Werbebeitrag immer nach dem oben gezeigten Schema aufgebaut werden muss. Von der Aufmerksamkeit, über das Interesse, zum Wunsch und letztendlich zur Konsumhandlung. Wenn man davon ausgeht, dass es sich um ein deskriptives Modell handelt, ergibt sich ein Problem mit der Grundvoraussetzung: der Aufmerksamkeit. Oft ist diese nicht gegeben. Im folgenden Kapitel werden eine Reihe von Werbemethoden vorgestellt, die nicht zwangsläufig auf die Aufmerksamkeit eines Rezipienten angewiesen sind. Auch die Annahme, dass mithilfe eines Reizes eine bestimmte Reaktion ausgelöst werden kann, ist so nicht richtig. Erkenntnisse der Kognitionspsychologie zeigen, dass ein Stimulus noch keine Kaufbereitschaft auslöst. Kaufbereitschaft kann erst auftreten, wenn der Stimulus mit dem neuronalen Netzwerk interagiert (*vgl. Lebok und Ohnemus, 2006, S. 45*).

Drei Hierarchie-von-Effekten-Modelle

Die drei Hierarchie-von-Effekten-Modelle bauen, wie das AIDA-Modell, ebenfalls auf einer Effekthierarchie auf. Bei diesen Modellen sind die Reihenfolge und somit auch die Wirkmechanismen unterschiedlich. Je nach Situation, werden in Sequenzen die unterschiedlichen Reihenfolgen der Effekte des Lernens (Kognition), der Einstellungsänderung (Affekte) und der Verhaltensänderung (Konation) beschrieben (*vgl. Engelhardt, 1999, S. 24*).

Bei der *Lernhierarchie* erhält ein Rezipient Informationen zu einem Produkt. In Folge dessen stellt sich eine bestimmte Gefühlshaltung oder Einstellung ein, die dann das Verhalten bestimmt. Auf das Lernen wird in Kapitel 3.2 näher eingegangen.

In der *Dissonanz-Attributions-Hierarchie* geht man davon aus, dass sich Einstellungen oft erst nachträglich an ein gezeigtes Verhalten anpassen. Das Verhalten ist die unabhängige, die Einstellung die abhängige Variable. Es scheint, als ob ein bestimmtes Verhalten einen Druck zur Rechtfertigung erzeugt. Nach dem Kauf, also dem Verhalten, ändert sich anschließend die Einstellung um Dissonanzen zu vermeiden. Dadurch lernt das Individuum für die Zukunft. Das Phänomen der kognitiven Dissonanz wird in Kapitel 4.6.2 noch näher beleuchtet.

Wenn der Konsument eine Konsumentscheidung mit geringem Engagement trifft, gilt die *Geringes-Involvement-Hierarchie*. Durch ständige Wiederholung der Werbung lernen Konsumenten. Aufgrund des mangelnden Engagements ergibt sich dann das Kaufverhalten auf Basis des Lernens. Eine Einstellung ist nicht einmal zwingend notwendig. Aus dem Modell der *Geringes-Involvement-Hierarchie* lässt sich ableiten, dass die Werbung tiefe Gedächtnisspuren hinterlassen sollte. Dadurch können sich Konsumenten zumindest implizit an ein Produkt erinnern (siehe Kapitel 4.4) und die Anwendung der Verfügbarkeitsheuristik (siehe Kapitel 4.3.1) wird wahrscheinlicher (vgl. *Felser, 2015, S. 10f.*). Das Involvement wird in Kapitel 3.5 detaillierter betrachtet.

In Tabelle 3-1 werden die drei Modelle noch einmal zusammengefasst. Mithilfe der Tabelle ist es möglich, je nachdem, wie involviert der Rezipient ist und wie unterschiedlich die Produktalternativen sind, abzulesen, welches Modell Anwendung findet.

Lernhierarchie (learn-feel-do)	Dissonanz-Attributions-Hierarchie (do-feel-learn)	Geringes-Involvement-Hierarchie (learn-do-feel)
Wenn Rezipienten involviert sind und	Wenn Rezipienten involviert sind und	Wenn Rezipienten wenig involviert sind und
wenn Alternativen klar unterscheidbar sind:	wenn Alternativen kaum unterscheidbar sind:	wenn Alternativen kaum unterscheidbar sind:
1. Lernen	1. Verhaltensänderung	1. Lernen
2. Einstellungsänderung	2. Einstellungsänderung	2. Verhaltensänderung
3. Verhaltensänderung	3. Lernen	3. Einstellungsänderung

Tabelle 3-1: Drei Hierarchie-von-Effekten-Modelle (vgl. Moser, 1997, S. 273)

3.1.3 Zwei-Prozess-Modelle

Bei Zwei-Prozess-Modellen geht es um die zentrale Frage, ob sich ein Rezipient einer Werbeinformation aufmerksam zuwendet oder nicht. Abhängig von seinem Involvement setzt dann einer von zwei Prozessen der Informationsverarbeitung ein. Dabei unterscheidet man in automatische und kontrollierte, zentrale und periphere oder systematische und heuristische Informationsverarbeitung (*vgl. Felser, 2007b, S. 448*). Ist das Involvement hoch, hängt die Kommunikationswirkung von der Qualität der Argumente ab. Starke Argumente führen zu einer Einstellungs- und anschließend zu einer Verhaltensänderung. Bei niedrigem Involvement wird die Kommunikationswirkung nicht von der Qualität der Argumente beeinflusst, sondern von Hinweisreize, wie Sympathie für den Vortragenden oder die Häufigkeit der Darbietung (*vgl. Moser, 1997, S. 277*).

Bekannte Zwei-Prozess-Modelle sind beispielsweise das Modell der Elaborations-wahrscheinlichkeit, das in Kapitel 3.4.3 näher beschreiben wird, das Modell der impulsiven und reflektiven Verhaltenssteuerung von Strack und Deutsch, das Modell der dualen Einstellungen von Wilson et al., die Differenzierung zwischen assoziativen und propositionalen Prozessen der Einstellungsbildung nach Gawronski und Boden-hausen oder die zwei Systeme der Verhaltenssteuerung, System 1 und System 2, nach Stanovich und West (*vgl. Felser, 2015, S. 11*).

3.1.4 Zwischenfazit

Die Techniken, mit denen die Werbung auf menschliches Verhalten wirkt, sind komplex. Auch, weil Werbung verschiedene Aspekte unseres Verhaltens beeinflusst. Auf der einen Seite gibt es die kontrollierten und überlegten Verhaltensweisen und auf der anderen Seite gibt es die automatisierten bzw. reflexartigen Verhaltenswei-sen. In der Wirklichkeit wird das Kaufverhalten stets durch eine Kombination der beiden Verhaltensweisen beeinflusst (*vgl. Felser, 2015, S. 11*).

Je nachdem, welche Verhaltensweise es anzusprechen gilt, existieren unterschied-lich sinnvolle Werbetechniken. Die kognitionspsychologischen Methoden hinter diesen Techniken sollen im vierten Kapitel genauer betrachtet werden. Aufbauend auf den drei Hierarchie-von-Effekten-Modellen soll im Folgenden näher auf die beiden Aspekte Lernen und Einstellung eingegangen werden. Zum besseren Ver-ständnis werden diese ergänzt durch einen Einblick in die Wirkungsweisen des menschlichen Gedächtnisses und die Thematik des Involvements.

3.2 Das Lernen

Fähigkeiten, Techniken, spontane Reaktionen, überlegtes Handeln, Reflexe und sogar Emotionen und Einstellungen sind erlernbar und durch lernen beeinflussbar. Lernen ist ein Prozess, der sich in der Änderung der Verhaltensmöglichkeiten einer Person ausdrückt. Das bedeutet nicht, dass Erlerntes sich sofort im Verhalten zeigt. Ein wichtiges Kriterium des Lernens ist, dass diese Änderung von außen erworben wird und nicht in der Person angelegt war (*vgl. Bredenkamp und Wippich, 1977a, S. 19*).
Koppelt man ein Verhalten an eine äußere Bedingung, spricht man von Konditionie-rung. Dabei unterscheidet man das klassische Konditionieren und das operante Konditionieren (*vgl. Felser, 2015, S. 50*). Diese, für die Werbung besonders relevan-ten Formen, sollen im Folgenden vorgestellt werden.

3.2.1 Das klassische Konditionieren

Das wohl bekannteste Beispiel für klassische Konditionierung liefert der russische Psychologe Ivan Pawlow. Stellt man einem Hund Fressen hin, wird reflexartig ein Anstieg des Speichelflusses ausgelöst. Nachdem Pawlow vor der Fütterung eine Glocke erklingen ließ, stellte sich der erhöhte Speichelfluss nach einigen Versuchsdurchgängen auch ein, wenn das Fressen ausblieb. Die Kopplung von Glocke und Futter erzeugte einen bedingten Reflex. Dieses Beispiel verdeutlicht die Anwendung der oben genannten S-R-Theorien. Das Beispiel zeigt das Zusammenspiel von Stimuli und anschließend einsetzender Reaktion (*vgl. Felser, 2015, S. 50*).

Zentrale Begriffe des Konditionierens
Das klassische Konditionieren verbindet neutrale Stimuli, mit nicht neutralen Reizen. In Reinform trifft beim klassischen Konditionieren ein unkonditionierter Reiz, im Beispiel das Fressen, auf eine unkonditionierte Reaktion, den Speichelfluss. Der neutrale Reiz bestand im Glockenton. Damit der Ton ausreicht um die Reaktion auszulösen, muss er hinreichend oft und präzise der Darbietung des Fressens folgen. Dieses zeitliche Zusammentreffen von unkonditionierten Reiz, mit dem neutralen Stimulus, bezeichnet man als Kontiguität. Würde der Glockenton häufig ohne das Fressen ertönen, würde die Reaktion in Form des Speichelflusses wieder verschwinden. Das Verschwinden der konditionierten Reaktion nennt man Löschung oder Extinktion (*vgl. Felser, 2015, S. 50f.*).

Dass dem klassischen Konditionieren auch Emotionen unterlegen sind, zeigt ein Experiment des Behavioristen John B. Watson. Ein Junge, der eigentlich gerne mit einer Ratte spielte, war der Kern der Untersuchung. Durch das Zusammentreffen von unangenehmen Geräuschen und dem Spielen mit der Ratte, entwickelte der Junge eine Angst vor dem Tier. Diese Angst übertrug sich auch auf andere Pelztiere, wie Kaninchen. Die Ausweitung der Reaktion auf andere, gleichartige Reize, nennt man Generalisierung (*vgl. Bredenkamp und Wippich, 1977a, S. 10*).

Signallernen
Die klassische Konditionierung unterscheidet die Prozesse Signallernen und evaluative Konditionierung. Beim Signallernen kann ein Ereignis vorhergesagt werden, indem Verbindungen zwischen Stimuli gelernt werden. Beim evaluativen Konditionieren geht es um das Erlernen von Einstellungen. Ein Unterscheidungsmerkmal der beiden Prozesse ist die Rolle der Kontiguität. Das eben genannte Experiment Pawlows, lässt sich dem Signallernen zuordnen. Die Reaktion tritt nur auf, wenn die bedingte Wahrscheinlichkeit, also das Auftreten des unkonditionierten Reizes (Fres-

sen) mit dem neutralen Reiz (Ton), höher ist, als die übliche Wahrscheinlichkeit für Fressen (*vgl. Rescorla, 1988, S. 151f.*).

Ertönt die Glocke nicht nur beim Fressen, sondern sonst auch ständig, dann lernt der Hund keine Reaktion. Dies ist wichtig für die Anwendung des Signallernens in der Werbepraxis. Hier ist es empfehlenswert auf Kontextreize zurückzugreifen, die weitgehend unbekannt sind. Verbreitete oder bekannte Stimuli, wie ein bekanntes Lied, eignen sich aus diesem Grund wenig, da solche Stimuli kaum wirksam mit einem anderen Reiz gekoppelt werden können (*vgl. Felser, 2015, S. 51f.*).

Evaluatives Konditionieren
Beim evaluativen Konditionieren wird ein neutraler Stimulus mit einem unbedingten Reiz präsentiert, der positiv- oder negativ bewertet wird. Statt wie beim Signallernen eine Vorhersage über die Umwelt zu treffen, werden Assoziationen gebildet (*vgl. Felser, 2015, S. 52*).

In einem Experiment konnten Staats und Staats (1958) Nationalbezeichnungen mit negativen und positiven Reizen koppeln. Durch die Präsentation von negativen- und positiven Wörtern, zusammen mit den Nationen, konnten sowohl positive-, als auch negative Gefühle bei den Versuchspersonen induziert werden.

Das evaluative Konditionieren und das Signallernen unterscheiden sich in drei wesentlichen Punkten (*vgl. Walther, 2002, S. 919ff.*):

1. Personen müssen die Verbindung zwischen konditionierten- und unkonditionierten Reizen nicht erkennen.
2. Wenn nach einer erfolgreichen evaluativen Konditionierung der konditionierte Stimulus ohne den unkonditionierten Stimulus dargeboten wird, wird die Konditionierung nicht gelöscht.
3. Für die evaluative Konditionierung reicht die raum-zeitliche Kopplung zwischen konditionierten und unkonditionierten Stimulus, die Kontiguität, aus.

Die Einstellungen die verändert werden, können also sehr lange bestehen bleiben.

Die Wirkung der evaluativen Konditionierung im Produktbereich konnten Walther und Gregoriadis (2004) nachweisen, indem sie Probanden Bilder von sympathischen und unsympathischen Gesichtern, zusammen mit vorher neutral bewerteten Schuhen präsentierten. Nach bereits sechs präsentierten Gesichtern, wurden die Schuhe, je nach Gesichtstyp, deutlich positiver bzw. negativer bewertet. Evaluative Konditionierung wirkt mit unterschiedlichen Sinnesmodalitäten. Dabei eignen sich Assoziationen von visuellen Stimuli und Geschmacksreize besonders gut (*vgl. De Houwer et al., 2001, S. 853ff.*).

Dass das evaluative Konditionieren besser für die Werbung einsetzbar ist, als das Signallernen, zeigt sich daran, dass es ohne die Sensibilität für bedingte Wahrscheinlichkeiten auskommt, resistenter gegen Löschung ist und es nur auf das raumzeitliche Zusammentreffen von konditioniertem und unkonditioniertem Reiz angewiesen ist (*vgl. Felser, 2015, S. 53*).

Ein weiteres Beispiel soll die Wirkung des evaluativen Konditionierens aufzeigen: In einer Experimentreihe konnten Stuart et al. (1987) mithilfe von angenehmen Bildern auf einer erfundenen Zahnpasta klassisch konditionieren und so die Einstellung gegenüber dem Produkt verbessern.

Anzumerken ist noch, dass Informationen über das Produkt, für Effekte des klassischen Konditionierens nicht relevant sind (*vgl. Felser, 2007a, S. 154*). Außerdem setzen sie kein hohes Involvement voraus – Konditionierung funktioniert ja auch bei Tieren. „Die Konsumenten lassen sich auf jeden Fall konditionieren, ob sie sich nun für die Werbung interessieren oder nicht" (*Felser, 2007a, S. 155*).

3.2.2 Operantes Konditionieren

Wie beim klassischen Konditionieren, wird hier ein Verhalten an angenehme- oder unangenehme Reize gekoppelt. Der Generalisierungseffekt kann hier ebenso auftreten und das konditionierte Verhalten kann gelöscht werden. Der Hauptunterschied besteht darin, dass der Organismus selbst aktiv wird. „Das erlernte Verhalten wird gezeigt, noch bevor die Reize vorliegen, von denen es abhängt" (*Felser, 2007a, S. 159*). Die Konsequenzen einer Handlung bestimmen das Verhalten. Führt ein Verhalten zum Erfolg, wird es erlernt. Führt ein Verhalten nicht zum Erfolg, wird es verlernt (*vgl. Felser, 2007a, S. 159*).

Mithilfe der operanten Konditionierung können Ratten in einer Box lernen, dass ein spontanes Verhalten, wie das Drücken auf einen Knopf, als Folge die Freigabe von Futter hat. Ist die Verbindung zwischen Verhalten (den Knopf drücken) und Konsequenz (Futter) stark genug, fungiert die Konsequenz als Verstärker für das Verhalten. Positive Konsequenzen erhöhen die Wahrscheinlichkeit für das vorausgehende Verhalten (*vgl. Felser, 2015, S. 62*).

Ein Verstärker ist ein Zustand, der sich eignet um ein mit ihm verbundenes Verhalten wahrscheinlicher zu machen. Typische Verstärker sind Belohnungen. Wird ein Verhalten belohnt, steigt die Wahrscheinlichkeit, dass das Verhalten wieder zeigt wird (*vgl. Felser, 2015, S. 63*).

Die Bedeutung des operanten Konditionierens für das Konsumentenverhalten
Dass hier ein Ansatz zur Beeinflussung des Konsumentenverhaltens liegt, zeigten Carey et al. (1976). Durch einen persönlichen Anruf bei Kunden einer Einzelhandelskette, in dem sie sich für ihre Kundentreue bedankten, stiegen die Verkaufszahlen erheblich.

Eigentlich kommt das operante Konditionieren im Marketing immer zum Einsatz, wenn mit Anreizen gearbeitet wird. Positive Anreize sind: Dreingaben, besondere Garantieleistungen oder Prämien. Negative Anreize hingegen sind: Rabatte, Preisnachlässe oder günstige Leasing-Angebote. Der negative Aspekt beim Kaufen, das Bezahlen, wird durch sie gemildert. Da der Organismus selbst aktiv werden muss, sind die Anwendungsmöglichkeiten in der Werbung begrenzt und eher ein Thema der Preis- und Konditionenpolitik. Dennoch kann für die Werbung abgeleitet werden, dass das Anschauen von Werbung mit angenehmen Konsequenzen verbunden sein sollte. Grundsätzlich sollte sie unterhaltsam sein und nicht anstrengen. Neue Technologien, insbesondere im Smartphone-Bereich, eröffnen einige neue Möglichkeiten für den Einsatz von Anreiz- bzw. Verstärkersysteme. Werbespots die man sich freiwillig ansieht, können mit Punkten honoriert werden, die später in einem Bonus-Shop eingetauscht werden können. Das operante Konditionieren stellt außerdem einen guten Anhaltspunkt dar, wie Werbung nicht sein sollte. Wird Werbung aversiv wahrgenommen, beispielsweise durch hässliche oder angsteinflößende Bilder, wird der Werbekonsum „bestraft" und somit reduziert (*vgl. Felser, 2015, S. 64f.*).
Strafreize sollten beim Verkaufen nie eingesetzt werden. Taktlose Bemerkungen beim Verkaufen oder vulgäre Slogans sollten vermieden werden. Außerdem sollte ein Produkt stets halten, was die Werbung verspricht. Ebenso sollte es vorrätig sein, damit man es erneut kaufen kann (*vgl. Mowen und Minor, 1998, S. 140f.*).

3.3 Das Gedächtnis

Das Gedächtnis, der menschliche Informationsverarbeitungsapparat, ist wie ein Netz, in dem winzige Knotenpunkte, die Neuronen, durch Synapsen miteinander verbunden sind. Diese Knotenpunkte können Objekte, Eigenschaften, Einstellungen, Emotionen oder Bewertungen darstellen. Sobald ein Neuron aktiviert wird, werden auch die benachbarten Neuronen mit angesprochen. Die Assoziationen, die beim Ansprechen eines Neuron entstehen, werden also immer durch das Zusammenwirken mehrere Neuronen hervorgerufen, die in Kombination Wissen und Erfahrungen gegenüber Objekten oder Situationen wiederspiegeln. Welche Verbindungen gemeinsam aktiviert werden, ist vom Vorwissen und der konkreten Situation abhängig (*vgl. Florack und Scarabis, 2002, S. 28*). Wie bereits im Grundmodell der Kommunikation in Kapitel 2.3 zu sehen war, muss ein Rezipient eine Werbebotschaft zunächst aufnehmen, um sie anschließend verarbeiten- und speichern zu können. Wie diese

Prozesse ablaufen, lässt sich vereinfacht im Drei-Speicher-Modell des Gedächtnisses darstellen.

3.3.1 Das Speichermodell des Gedächtnisses

Das Modell geht von drei Subsystemen der Speicher aus und gibt an, wie Informationen zwischen diesen Systemen verarbeitet werden. Über Sinnesorgane werden Informationen aus der Umwelt aufgenommen und gelangen zunächst in das erste Subsystem, den sensorischen Speicher. Ein Teil der Informationen gelangt von dort aus weiter in den Kurzzeitspeicher. Hier findet ein großer Teil der Informationsverarbeitung statt, wobei gewisse Informationen weiter in den Langzeitspeicher gelangen. Vom Langzeitspeicher können Informationen wieder in den Kurzzeitspeicher gerufen werden. Das Drei-Speicher-Modell der Informationsverarbeitung wird in Abbildung 3-3 vereinfacht dargestellt.

Wichtig ist noch der Hinweis, dass diese Darstellung einen reinen Modellcharakter besitzt. Die Reihenfolge des Informationsflusses und die Orte der Informationsverarbeitung im Gehirn entsprechen nicht zwangsläufig diesem Modell. Außerdem beschränkt sich das Modell auf die Aufnahme externer Reize (*vgl. Kroeber-Riel und Weinberger, 2003, S.225ff.*).

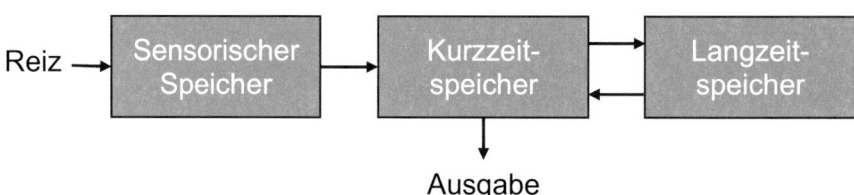

Abbildung 3-3: Das Drei-Speicher-Modell der Informationsverarbeitung (vgl. Atkinsin und Shiffrin, 1971, S. 82).

Man geht davon aus, dass „[...] die Behaltensleistung von der Tiefe der Verarbeitung bzw. vom dem Übergang eines Materials in einen anderen „Speicher" abhängt" (*Felser, 2007a, S. 166*).

Sensorischer Speicher
Nachdem Informationen der Außenwelt über die Sinne aufgenommen wurden, gelangen sie zunächst in den sensorischen Speicher. Dieser speichert Informationen nur für eine sehr kurze Zeit und besitzt eine enorme Kapazität. Der sensorische Speicher für Bildinformationen heißt ikonischer Speicher. Seine Gedächtnisspur verfällt bereits nach 50 Millisekunden (*vgl. Sperling, 1960, S. 1ff.*).

Die Besonderheit dieses Speichers ist, dass das Bild noch in seiner physischen Ausdehnung, ähnlich wie beim Sinneseindruck auf der Netzhaut, vorhanden ist. Andere Speicherformen verwenden wesentlich abstraktere Codierungen (*vgl. Felser, 2015, S. 77*).

Kurzzeitspeicher

Der menschliche Kurzzeitspeicher oder auch Arbeitsspeicher, ordnet Informationen und hält diese für aktuelle Tätigkeiten bereit. Aus diesem Grund ist er für zahlreiche Funktionen der Informationsverarbeitung eine besonders wichtige Speicherform. In diesem Speicher finden die kognitiven Verarbeitungen, das Lernen und die Bewertung statt. Anders als beim sensorischen Speicher, ist die Kapazität des Arbeitsspeichers stark beschränkt. Miller (1956) geht davon aus, dass Menschen zwischen fünf und neun Einheiten (7 ± 2) behalten können. Deswegen ist es den meisten Menschen nicht möglich, sich bei sinnfreien Zeichen, wie Telefonnummern, mehr als neun Ziffern zu merken.

In der Werbung kann man sich unter Einheiten Marken, Produktnamen, Slogans oder Headlines vorstellen. Eine Werbebotschaft besteht fast immer aus mehreren Einheiten. Werden in einer Werbebotschaft mehr als neun Einheiten verwendet, werden nicht alle Einheiten im Arbeitsspeicher präsent sein. Diese Kapazitätsgrenze ist nicht verschiebbar und sollte deswegen bei der Werbegestaltung unbedingt beachtet werden (*vgl. Meyer-Hentschel, 1993, S. 171*). Eine Möglichkeit mehr als neun Einheiten zu behalten, besteht darin, die Informationen sinnvoll zu verbinden. Dadurch können mehrere Informationen zu einer Einheit zusammengefasst werden. Der Name „Lennon", kann beispielsweise mit dem später auftauchenden Namen „Mc Cartney", zu einer Einheit verknüpft werden (*vgl. Miller, 1956, S. 81ff.*). Eine weitere Möglichkeit besteht in der Ausnutzung der unterschiedlichen Subsysteme des Arbeitsspeichers. Es fällt Menschen leichter, zu visuellen Informationen noch zusätzlich auditive Informationen zu verarbeiten, als zu visuellen Informationen weitere visuelle Informationen zu verarbeiten, da sie das gleiche Subsystem nutzen (*vgl. Baddeley und Hitch, 1974, S. 47ff.*).

Langzeitspeicher

Der Langzeitspeicher legt Informationen dauerhaft ab. Seine Kapazität ist nahezu unbegrenzt. Die Abrufbarkeit von Informationen hängt dabei maßbeglich mit der Organisation des Langzeitspeichers zusammen. Er beinhaltet Gefühle gegenüber Einstellungsobjekten, sowie die Motive und Verhaltensabsichten eines Individuums. Die Verknüpfung der Elemente untereinander, die Häufigkeit der Informationsabfrage und die Organisation des Wissens sind entscheidend bei der Verarbeitungsflüssigkeit (*vgl. Felser, 2015, S. 78*).

Erkenntnisse für die Werbung

Aus dem Drei-Speicher-Modell lassen sich für die Werbung folgende Erkenntnisse ableiten:

1. Die menschliche Informationsverarbeitung ist beschränkt.
2. Die menschliche Wahrnehmung ist selektiv, da nicht alle Elemente der Umwelt wahrgenommen, geschweige denn verarbeitet werden.
3. Nur bewusste Gedanken können kommuniziert werden, latente Wünsche und Gedanken bleiben verborgen, auch bei Befragungen und Experimenten.
4. Der Prozess des Erinnerns entspricht eher einer Rekonstruktion, als dem Abrufen eines festen Abbildes. Das macht den Prozess anfällig für Beeinflussungen und Verzerrungen.
5. Die Reihenfolge der Informationsdarbietung bestimmt maßgeblich, wie gut die Informationen verarbeitet und gespeichert werden.

3.3.2 Serielle Effekte bei der Kodierung: Primacy- und Recency-Effekt

Der Primacy- und Recency-Effekt, beschreiben die Tatsache, dass bei der Darbietung mehrerer, aufeinanderfolgender Informationen, die ersten und noch mehr die letzten Informationen, besser erinnert werden können, als die Elemente in der Mitte. Die beiden Effekte können in der Praxis auch unabhängig voneinander auftreten. Das Drei-Speicher-Modell bietet einen Ansatz zur Erklärung dieser Wirkung (*vgl. Felser, 2015, S. 79*).

Aufgrund der Kapazitätsbegrenzung des Arbeitsspeichers, müssen die Informationen vom Anfang der Darbietung, aus dem Langzeitspeicher abgerufen werden. Dort sind sie nur vorzufinden, wenn die Informationen vorher verarbeitet wurden. Dieser Prozess wird durch ständig neu eintreffende Informationen gestört. Früh dargebotene Informationen können verhältnismäßig gut abgerufen werden, da diese die längste Verarbeitungszeit hatten. Die Informationen am Ende können hingegen noch direkt aus dem Arbeitsspeicher abgerufen werden (*vgl. Bredenkamp und Wippich, 1977b, S. 32f.*).

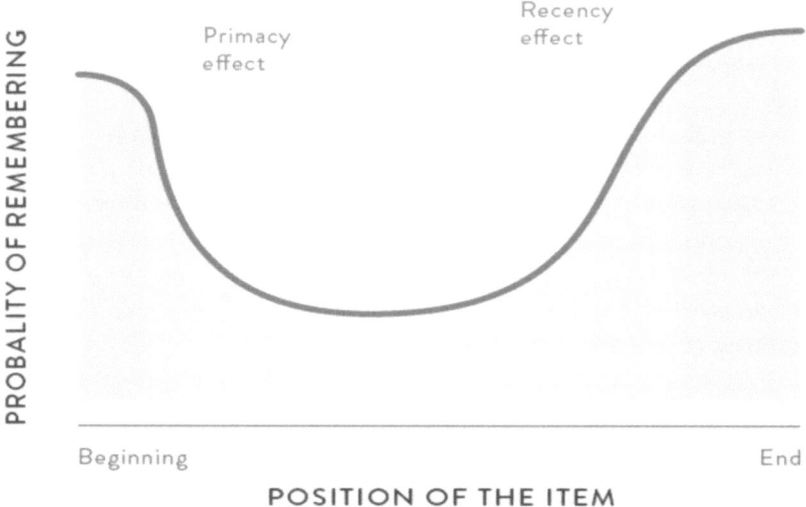

Abbildung 3-4: Vergessenskurve des Primacy- und Recency-Effektes (Griffin-Mason, 2015)

Die Abbildung 3-4 zeigt die typische „Vergessenskurve". Für die Gestaltung von Werbespots können daraus zwei wichtige Erkenntnisse abgeleitet werden (*vgl. Krugman, 1962, S. 626ff.*):

1. Der letzte Eindruck eines Spots ist von besonderer Bedeutung. Der Produktname oder die Kernbotschaft sollten hier wiederholt werden.
2. Bei der Aneinanderreihung von Werbespots (Blockwerbung) haben die ersten und die letzten Spots die besten Chancen, erinnert zu werden. Erschwerend kommt hinzu, dass die meisten Menschen ohnehin bei Werbeunterbrechungen eine Pause einlegen.

Eine ungünstige Position in der Blockwerbung kann durch Wiederholung des Spots im Werbeblock bzw. durch Reminder-Sports ausgeglichen werden (*vgl. Felser, 2015, S. 80*).

3.3.3 Zur Beeinflussbarkeit des Gedächtnisses

Dass die Rekonstruktion von Gedächtnisinhalten mithilfe der Werbung beeinflusst werden kann, konnten Braun und Loftus (1998) in einem Experiment nachweisen.
Den Probanden wurde ein Spot gezeigt, in dem ein ihnen bekannter Schokoriegel zu sehen war. Sowohl durch das Zeigen einer anderen Verpackungsfarbe, als auch durch die verbale Aussage, die Verpackung hätte eine andere Farbe, wurde das Gedächtnis dahingehend beeinflusst.

„Die bloße Vorstellung, dass eine Sache so und so sein könnte, hat beinah dieselben Konsequenzen wie die ausdrückliche Erklärung, dass die Sache so ist." (*Felser, 2015, S. 76*).

Auch Informationen, von denen man weiß, dass sie falsch sind, werden bei Erinnerungen und Entscheidungen verwendet. Wichtig ist nur, dass diese Information in ein existierendes Schema passt. Wenn in einem Werbespot für Käse eine Alm mit Bauern, Kühen und schöner Landschaft gezeigt wird, suggeriert die Szene eine natürliche Käseherstellung. Dieser Eindruck bleibt bestehen, obwohl die meisten Konsumenten wissen, dass der Käse mit hoher Wahrscheinlichkeit eher unter industriellen Bedingungen erzeugt wurde (*vgl. Felser, 2015, S. 76*).

Zwar gibt es zahlreiche Möglichkeiten, bestimmte Produktinformationen mithilfe der Werbung im Gedächtnis des Konsumenten zu verankern, doch dies führt nicht zwangsläufig dazu, dass einzelne Kaufentscheidungen dadurch auch beeinflusst werden. Denn auch die Umwelt hat einen starken Einfluss auf die Wahl eines Produktes und verhindert, dass in den Gedächtnisstrukturen angelegte Einstellungen als einziges Kriterium bei der Produktwahl herangezogen werden. Ein Mitarbeiter der Audi AG wird sich möglicherweise, selbst bei einer noch so guten Werbestrategie, keinen Opel kaufen, um von den Kollegen nicht schief angesehen zu werden (*vgl. Florack und Scarabis, 2002, S. 31f.*).

Ebenso beeinflussen die Einstellungen, die durch Werbemaßnahmen erlangt wurden, nicht zwangsläufig das Kaufverhalten, da sie dazu in der Kaufsituation erst abgerufen werden müssen. Nachdem ein Konsument eine Werbung gesehen hat, vergeht häufig erst eine gewisse Zeit, bevor die eigentliche Kaufhandlung stattfindet. In dieser Zeit werden neue Informationen aufgenommen und die von der Werbung geweckten Assoziationen zum Produkt verblassen bzw. werden häufig überlagert. Aus diesem Grund ist es sinnvoll für Unternehmen, die Erinnerung an die Produktwerbung am Verkaufsort wieder aufzufrischen und so positive Assoziationen zu reaktivieren. Dies kann durch die Produktverpackung, Schilder, Bildschirme, Durchsagen etc. erfolgen (*vgl. Florack und Scarabis, 2002, S. 34*).

In erster Linie verwenden Konsumenten eigene Erfahrungen mit den Produkten, die aus dem Gedächtnis abgerufen werden, um Konsumentscheidungen zu treffen. Grund dafür ist die leichte Aktivierbarkeit dieser Informationen gegenüber Gedächtnisinhalten, die durch den Einfluss von Werbung entstanden sind. Eigene Erfahrungen werden schneller abgerufen und haben dadurch Vorrang vor Inhalten aus Werbebotschaften. Die Werbeindustrie hat jedoch einige Möglichkeiten entwickelt, sich dieses Phänomen zunutze zu machen z.B. durch Gratispackungen, Probe-Abos, Testfahrten und andere Formen, die den Konsumenten die Möglichkeit geben, eigene Erfahrungen mit dem Produkt zu machen (*vgl. Florack und Scarabis, 2002, S. 34*).

3.4 Einstellung und Einstellungsänderung

Unter einer Einstellung versteht man die „[…] subjektiv wahrgenommene Eignung eines Gegenstandes zur Befriedigung einer Motivation […]" (*Kroeber-Riel und Weinberg, 2003, S. 169*). Eine Einstellung stellt den Willen einer Person dar, ein bestimmtes Objekt zu bewerten (*vgl. Stahlberg und Frey, 1990, S. 145*).

Sie regeln die Bereitschaft zu Reaktionen, wie dem Kauf oder dem nicht Kauf eines Produktes und bestimmen, ob ein Produkt für „gut" oder „schlecht" befunden wird. Eine Einstellung teilt sich in ein Urteil (Zitronen enthalten viel Vitamin C) und eine Bewertung (Super!). Aus der Einstellung geht dann ein bestimmtes Verhalten hervor (Ich esse Zitronen). Eine Einstellung besteht also aus drei Elementen. Einem kognitiven (das Wissen über ein Objekt), einem affektiven (Wertung gegenüber einem Objekt) und einem behavioralen (Handlungsbereitschaft gegenüber einem Objekt) Element (*vgl. Felser, 2015, S. 254*).

Einstellungen entstehen durch direkte Erfahrungen, persönliche Mitteilung oder Massenkommunikation und können in ihrer „Stärke" unterschieden werden. Starke Einstellungen besitzen drei Eigenschaften (*vgl. Felser, 2015, S. 255*):

1. Die Einstellung ist persistent, also beständig über Zeit.
2. Die Einstellung ist resistent, also schwer zu beeinflussen.
3. Die Einstellung ist prädiktiv für ihr Verhalten, also vorhersehbar.

Um seine Unternehmensziele zu erreichen, versuchen Werbetreibende „[...] Meinungen, Auffassungen, Ansichten, insgesamt Einstellungen, beim Rezipienten [zu] beeinflussen, das heißt verunsichern oder festigen, verändern und umkehren" (*Ronneberger, 1971, S. 34*). Das Ziel ist es also, die Bedürfnisse des Konsumenten zu beeinflussen bzw. zu aktivieren. Dies geschieht mithilfe von Einstellungen, die sich auf das Wertesystem einer Person auswirken und dadurch seine Motivation- und Bedürfnisstruktur formen können (*vgl. Boss, 1976, S. 40*).

Eine besonders starke Wirkung entfalten Einstellungen, wenn es spezifische Einstellungen sind, die durch eigene Erfahrungen gelernt wurden, schnell verfügbar und stabil sind (*vgl. Kroeber-Riel und Weinberg, 2003, S. 177ff.*).

Die Verhaltenswirksamkeit von Einstellungen unterliegt darüber hinaus noch situativen Einflüssen. So kann sich ein Kunde aus Zeitdruck oder aufgrund eines Ausverkaufs, trotz positiver Einstellung zu einem Produkt, für ein anderes Produkt entscheiden.

3.4.1 Verhaltensänderung ohne Einstellungsänderung

Da eines der Ziele der Werbung, das Verkaufen von Produkten ist, liegt der Fokus der Werbung in der Änderung des Konsumentenverhaltens. Dass dazu nicht zwingend eine Einstellungsänderung notwendig ist, soll im folgenden Abschnitt dargelegt werde.

Belohnung und Strafe

Mithilfe von Belohnungen, beispielsweise in Form von Geld, können Menschen dazu bewegt werden, ein Verhalten zu zeigen, dass ihren Einstellungen grundsätzlich wiederspricht. Gesetzliche Vorschriften sorgen ebenfalls häufig für eine Verhaltensänderung, ohne dass dabei eine Einstellungsänderung vorliegt. Grund dafür sind unter anderem die vorgesehenen Strafen, die bei gesetzlichen Überschreitungen verhängt werden (*vgl. Felser, 2015, S. 256*).

Freundschaft und Sympathie

Wenn man von einer Person, die einem sympathisch ist, gebeten wird etwas zu tun, dann kommt man dieser Aufforderung eher nach, als wenn sie einem unsympathisch ist (*vgl. Cialdini, 1993, S. 136ff.*). Wer beim Verkaufen oder Werben einen sympathischen und freundschaftlichen Eindruck erwecken kann, erhöht also seine Wirkungschancen. Ein bekanntes Beispiel für diese Praxis sind „Tupper-Parties". Diese Verkaufsveranstaltungen finden in der Regel im privaten Kreis, unter Freunden statt.

Autorität und Gehorsam

Welchen Einfluss Autoritäten auf das Verhalten von Menschen haben, zeigte Stanley Milgram (1965) eindrucksvoll in einem Experiment.
Unter Anleitung einer autoritären Versuchsperson, sollten Probanden anderen vermeintlichen Probanden Stromstöße für angebliche Fehler in Lernversuchen verabreichen. Die beiden Tatsachen, dass über Lautsprecher (gespielte) Schmerzensschreie zu hören waren und die Stromstärke in einen lebensgefährlichen Bereich ging, hielt die Probanden nicht davon ab, die Befehle des autoritären Versuchsleiters auszuführen. Wurde der Versuch mit einem Versuchsleiter durchgeführt, der einen weißen Kittel trug und den Probanden als Professor vorgestellt wurde, war die Bereitschaft zum Gehorsam wesentlich höher, als wenn er als Hilfskraft am Lehrstuhl vorgestellt wurde (*vgl. Milgram, 1965, S. 57ff.*).
Dieses Prinzip wird von der Werbung, beispielsweise von „Dr. Best" Zahnbürsten oder „Alpecin" Haarpflegeprodukten, angewandt. Der Hinweis auf Tradition, kann auch als Versuch verstanden werden, Autorität zu beanspruchen, etwa wenn ein Unternehmen seine Produkte mit: „seit 1755" kennzeichnet.

3.4.2 Die Verfügbarkeit einer Einstellung

Da nur verfügbare Einstellungen Verhaltenswirksam werden können, liegt der Grund für ein Verhalten, dass den Einstellungen eigentlich wiederspricht, häufig darin, dass die Einstellungen in einer bestimmten Situation eben nicht verfügbar sind. Einfacher ausgedrückt: „Wir denken nicht immer an unsere Einstellungen; nicht alle Einstellungen sind uns in einer gegebenen Situation hoch verfügbar" (*Felser, 2015, S. 258*). Für die Werbung besteht die Herausforderung darin, zu ermitteln, ob überhaupt eine Einstellung vorliegt. Falls nicht, sollte ein besonderer Fokus auf die Rahmenbedingungen, wie die Positionierung des Produktes, gelegt werden. Besteht bereits eine positive Einstellung, sollte diese verfügbar gemacht werden, indem die Kunden an sie erinnert werden. Nach dem Motto: „Als Eltern wollen Sie immer das Beste für Ihr Kind" (*Felser, 2015, S. 258*).

3.4.3 Das Modell der Elaborationswahrscheinlichkeit

Bei der Einstellungsänderung können zwei Wege bzw. Routen unterschieden werden. Der Erste, ist der zentrale Weg der Überredung. Er wird verwendet, wenn der Empfänger Informationen elaboriert. Hier entscheiden Argumente und ihre Qualität über die Einstellungsänderung (*vgl. Felser, 2015, S. 274*). Bei starken Argumenten profitiert die Werbung von deren Verarbeitung.

Schwache Argumente sollten durch günstige Rahmenbedingungen, wie Musik, auffällige Farben, prominente Darsteller, Bilder, schnelle Schnitte, ungewöhnliche Kameraperspektiven oder ein hohes Darbietungstempo unterstützt werden, da diese Ablenkungen die schwachen Argumente aufwerten und diese weniger kritisch geprüft werden (*vgl. Yoon et al., 1999, S. 331ff.*).
Dadurch wird der zweite Weg, die periphere Route der Überredung, aktiviert. Da diese Route einsetzt, wenn der Empfänger Informationen in geringem Maß verarbeitet (*vgl. Petty und Cacioppo, 1986, S. 32ff.*). In diesem Fall gewinnen Rahmenbedingungen an Bedeutung. Diese Äußerlichkeiten werden auch als „Hinweisreize" bezeichnet. Sie sollen automatische Denkprozesse und die Anwendung einfacher Heuristiken (siehe Kapitel 4.3) anregen (*vgl. Felser, 2015, S. 275*).

Die beiden Routen unterscheiden sich darin, wie wahrscheinlich es ist, dass der Empfänger die gegebenen Informationen verarbeitet bzw. elaboriert. Aus diesem Grund nennen Petty und Cacioppo diesen Ansatz das elaboration likelihood model (ELM).

Das Modell der Elaborationswahrscheinlichkeit wird in Abbildung 3-5 zusammenfassend beschreiben:

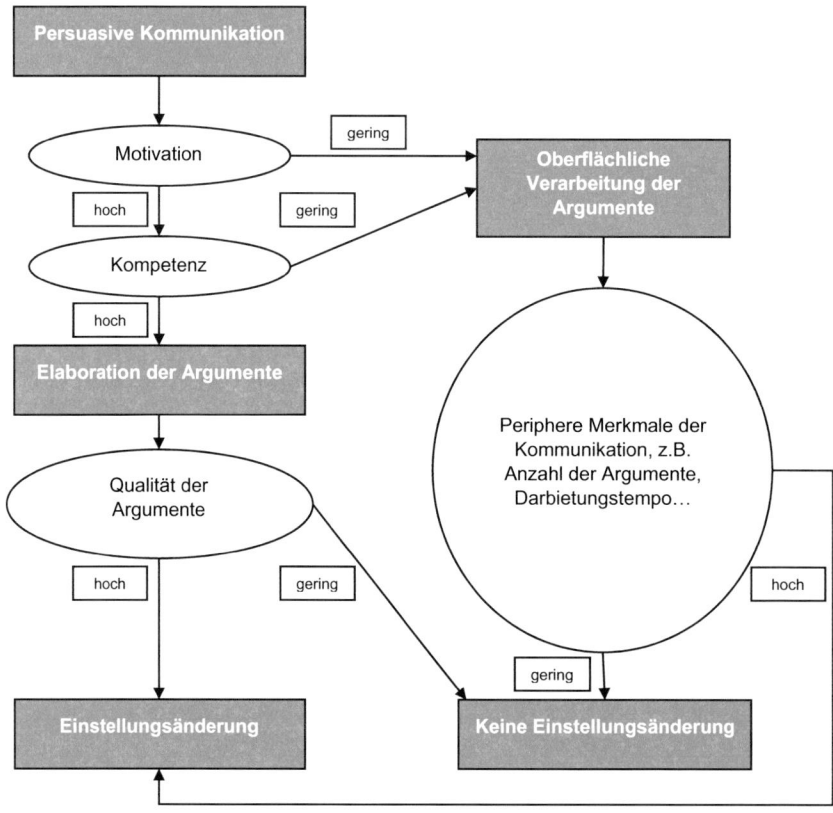

Abbildung 3-5: Das Elaborations-Likelihood-Modell (vgl. Petty und Cacioppo, 1986, S. 4)

In Abbildung 3-5 wirkt es so, als ob es keinen Unterschied macht, ob man eine Einstellungsänderung über den peripheren oder den zentralen Weg erzeugt. Einstellungen die über den zentralen Weg entstehen, erweisen sich in den drei oben genannten Kriterien der Einstellungsstärke allerdings als vorteilhafter. Sie sind zeitbeständiger, beeinflussungsresistenter und prädiktiver für Verhalten (*vgl. Felser, 2015, S. 276*).

Anzumerken ist noch, dass die Einstellungsänderung durch die Aufnahme und die Verarbeitung neuer Informationen abläuft. Die Einstellung ändert sich dabei nicht nur aufgrund der direkt dargebotenen Informationen, wie das beim S-R-Modell der Fall wäre, sondern wird maßgeblich durch intervenierende Variablen des Individuums, während der Informationsverarbeitung, beeinflusst.

Konsequenzen für Werbetreibende

Bei der Werbegestaltung- und Platzierung müssen Werbetreibende unbedingt berücksichtigen, wie motiviert und wie aufmerksam sich potenzielle Kunden einer Werbebotschaft voraussichtlich zuwenden. Richtet sich die Werbung an eine ganz bestimmte Zielgruppe, die sich sehr für das Thema interessiert und die genügend Zeit hat, sich der Werbebotschaft zu widmen, dann sollten diese Anzeigen detaillierte Informationen zum Produkt enthalten, um den zentralen Weg der Beeinflussung zu fokussieren. Bei Massenwerbung, wie Plakaten oder Fernsehwerbung, die eher beiläufig wahrgenommen wird, sollte versucht werden möglichst viele Hinweisreize in die Werbegestaltung einzubauen. Dadurch fokussiert man die periphere Route der Überredung und mentale Faustregeln finden mit höherer Wahrscheinlichkeit Anwendung (*vgl. Florack und Scarabis, 2002, S. 31*).

Wie Argumente verarbeitet werden, hängt maßgeblich vom Involvement des Empfängers ab. Wer eine Waschmaschine kaufen möchte, steht in diesem Moment Informationen über Waschmaschinen offener gegenüber, als jemand, der kein Interesse am Kauf einer Waschmaschine hat. Um den Einfluss des Involvements besser zu verstehen, ist der folgende Abschnitt diesem Thema gewidmet.

3.5 Das Involvement

Involvement beschreibt das Maß an innerer Beteiligung, sowie die Tiefe und Qualität der Informationsverarbeitung, mit der sich ein Kunde einer Werbe- und Kaufsituation zuwendet (*vgl. Mühlbacher, 1982, S. 188ff.*). Das Involvement kann als wichtigstes Konstrukt zur Beschreibung von Objekt-Person-Bezügen verstanden werden (*vgl. O'Cass, 2000, S. 545ff.*). Involvement ist wie eine „Moderatorvariable", die maßgeblich bestimmt wie eine Marketingmaßnahme auf Konsumenten wirkt (*vgl. Felser, 2015, S. 111*).

3.5.1 Arten des Involvement

Einen relativ neuen Ansatz bei der Analyse des Involvement-Begriffs zeigt uns Ulrich Lachmann. Er unterscheidet in Bedingungs- und Folgeinvolvement. Das Bedingungsinvolvement ist der Zustand, auf den das Werbemittel trifft. Das Folgeinvolvement entsteht dann aus der Aktivierung des Werbemittels selbst (*vgl. Lachmann, 2003, S. 27f.*). Neben dieser Unterscheidung kann das Involvement noch weiter unterteilt werden in:

Persönliches Involvement

Bei der Unterscheidung der verschiedenen Arten des Involvements spielt die Zeit eine große Rolle. Besteht das Involvement über einen langen Zeitraum, dann spricht man vom persönlichen Involvement. Es handelt sich um ein Grundinteresse, das sich aufgrund des bisherigen Lebensweges so entwickelt hat. Dabei steigt das persönliche Involvement, je spezifischer das Produkt ist. Beispielsweise ist das Fußball-Involvement eines Fans des FC Kaiserslautern höher, als dass, eines allgemeinen Fußballfans (*vgl. Lachmann, 2003, S. 35f.*).

Situationsinvolvement
Besteht das Involvement nur für eine bestimmte Zeit, handelt es sich um ein Situationsinvolvement. Dies liegt vor, wenn ein Kunde ein Produkt kaufen möchte. Das Involvement besteht, solange die Kaufhandlung noch aussteht. Es wird durch den Entscheidungsdruck hervorgerufen und wird stärker, je näher der Kunde der Kaufentscheidung entgegenkommt (*vgl. Lachmann, 2003, S. 28f.*).

Produktinvolvement
Beim Produktinvolvement ist nicht die Zeit, sondern das Produkt der entscheidende Faktor. Ein hohes Produktinvolvement liegt tendenziell vor, wenn die Konsumenten erwarten, dass Unterschiede zwischen den Marken vorliegen, und dass man etwas falsch machen kann, wenn diese Unterschiede nicht berücksichtigt werden. Sind diese beiden Bedingungen nicht kommutativ erfüllt, sinkt das Involvement erheblich (*vgl. Baker, 1993, S. 64f.*).

Werbemittelinvolvement
Wenn das Werbemittel selbst ein Involvement erzeugt, spricht man von Werbemittel- oder Reaktionsinvolvement (*vgl. Kroeber-Riel, 1993, S. 222ff.*).
Dieses wird von Lachmann auch als Folgeinvolvement bezeichnet. Hier bewirkt die Werbung selbst die Zuwendung des Konsumenten und zieht seine Aufmerksamkeit auf sich (*vgl. Baker, 1993, S. 64ff.*).

Je nach Involvement lassen dich drei unterschiedliche Kaufstrategien ableiten:

1. Ein hoch involvierter Kunde strebt nach Optimierung beim Kauf. Der Kunde vergleicht aufwendig und sammelt Informationen, um das Bestmögliche zu kaufen.

2. Ein mäßig involvierter Kunde strebt nach Befriedigung. Der Kunde hält einen Fehlkauf für möglich und möchte ihn vermeiden.

3. Bei niedrigem Involvement nimmt der Kunde keine Markenunterschiede war und er verbindet mit dem Kauf kein Risiko. Die Kaufentscheidung zeichnet sich durch Gleichgültigkeit aus (*vgl. Kroeber-Riel, 1993, S. 225*).

3.5.2 Auswirkungen des Involvements für die Werbepraxis

Das Involvement gibt darüber hinaus an, wie stark die kognitive Kontrolle eines Konsumenten bei der Kaufentscheidung ist. Voraussetzungen für ein geringes Involvement sind (*Felser, 2015, S. 111*):

1. „Geringes subjektives Kaufrisiko,
2. geringer Bezug der Konsumhandlung zu persönlichen Werten,
3. keine Identifikation mit den in Frage stehenden Produkten."

Die Folgen sind: eine niedrige Aufmerksamkeit, keine Suche nach Produktinformationen, relative Gleichgültigkeit gegenüber Preis und Qualität, hohe emotionale Empfänglichkeit, keine kognitive Kontrolle bei der Urteilsbildung (hohe Anfälligkeit gegenüber automatischen und irrationalen Effekten) und eine Kommunikationswirkung nur bei häufiger Wiederholung.

Sind Konsumenten hoch involviert, senkt dass die Wirkung äußerer Merkmale (Hinweisreize). Petty und Cacioppo führen einige dieser Hinweisreize auf, die unter hohem Involvement leiden (*vgl. Petty und Cacioppo, 1986, S. 142ff.*):

1. Der Expertenstatus des Kommunikators. Selbst Argumente von Experten werden hinterfragt und überprüft.
2. Die Beliebtheit und Attraktivität des Kommunikators. Schwache Argumente können schwerer mit der Beliebtheit oder Attraktivität des Senders ausgeglichen werden.
3. Das nonverbale Verhalten des Kommunikators. Gestik und Mimik, die Unsicherheit ausdrückt, senkt die Glaubwürdigkeit des Sprechers verhältnismäßig stärker, als bei geringem Involvement.
4. Die Anzahl der Argumente. Bei hohem Involvement ist die Qualität der Argumente entscheidend. Das Hinzufügen von schwachen Argumenten ist sogar schädlich.
5. Die serielle Position der Argumente. Die in Kapitel 3.3.2 angesprochenen Primacy- und Recency-Effekte treffen bei hohem Involvement nur in wesentlich abgeschwächter Form auf.
6. Angenehme Musik. Ebenso der Einfluss von Musik ist bei hohem Involvement schwächer ausgeprägt.

3.6 Eine zusammenfassende Wirkungsmatrix

Abbildung 3-6 fasst in einer Wirkungsmatrix die Elemente der Werbewirkung auf Konsumenten zusammen, wie sie in den einzelnen Unterkapiteln beschrieben wurden. Ein Stimulus, in Form von Produkt, Preis, Distribution oder Kommunikation wird von einem Rezipienten wahrgenommen. Die Informationen dieses Stimulus werden aufgenommen und anschließend verarbeitet. Bei der Verarbeitung spielt zunächst das Involvement eine große Rolle. Wenn das Involvement hoch ist, werden die Informationen vorwiegend zentral verarbeitet. Bei niedrigem Involvement werden die Informationen in erster Linie peripher verarbeitet und sind dadurch anfälliger für Beeinflussung. Durch das Zusammenspiel von kognitiven- und emotionalen Vorgängen im Gehirn lernt der Rezipient und bildet eine Einstellung zum Stimulus. Durch eine Aktivierung münden die kognitive-, konative- und affektive Komponente einer Einstellung in einem Handlungsimpuls. Dabei entscheidet der Rezipient über Produkt, Marke, Kaufstätte, Kaufzeitpunkt und Kaufmenge. Die Entscheidung drückt sich dann anschließend im Verhalten aus und setzt dadurch Marktprozesse in Gang. Während dieses Vorgangs wirken ständig Umwelteinflüsse, wie Landschaft, Klima, Familie, Medien, etc. auf den Rezipienten ein und beeinflussen ihn.

Vor allem während der Informationsverarbeitung, dem Lernen und der Einstellungsbildung wirken interne, intervenierende Variablen des Organismus, wesentlich auf diese Prozesse ein. Da sie im Organismus selbst stattfinden und unter anderem durch subjektive Erfahrungen, derzeitige Lebensumstände oder aktuelle Motive geprägt sind, ist eine direkte Ursache-Wirkungs-Beziehung, wie bei der S-R-Theorie, nicht gegeben. Zusätzlich wirken nahezu endlose, schwer- bis nicht kontrollierbare Umwelteinflüsse auf den Konsumenten ein, die ein gezielt gesteuertes Kaufverhalten, dass durch Werbemaßnahmen hervorgerufen werden soll, unmöglich machen. Den Menschen wie eine Marionette zu steuern ist nicht möglich. Es ist aber möglich, ihn während dieser Prozesse zu beeinflussen und bestimmte Entscheidungen wahrscheinlicher zu machen als andere.

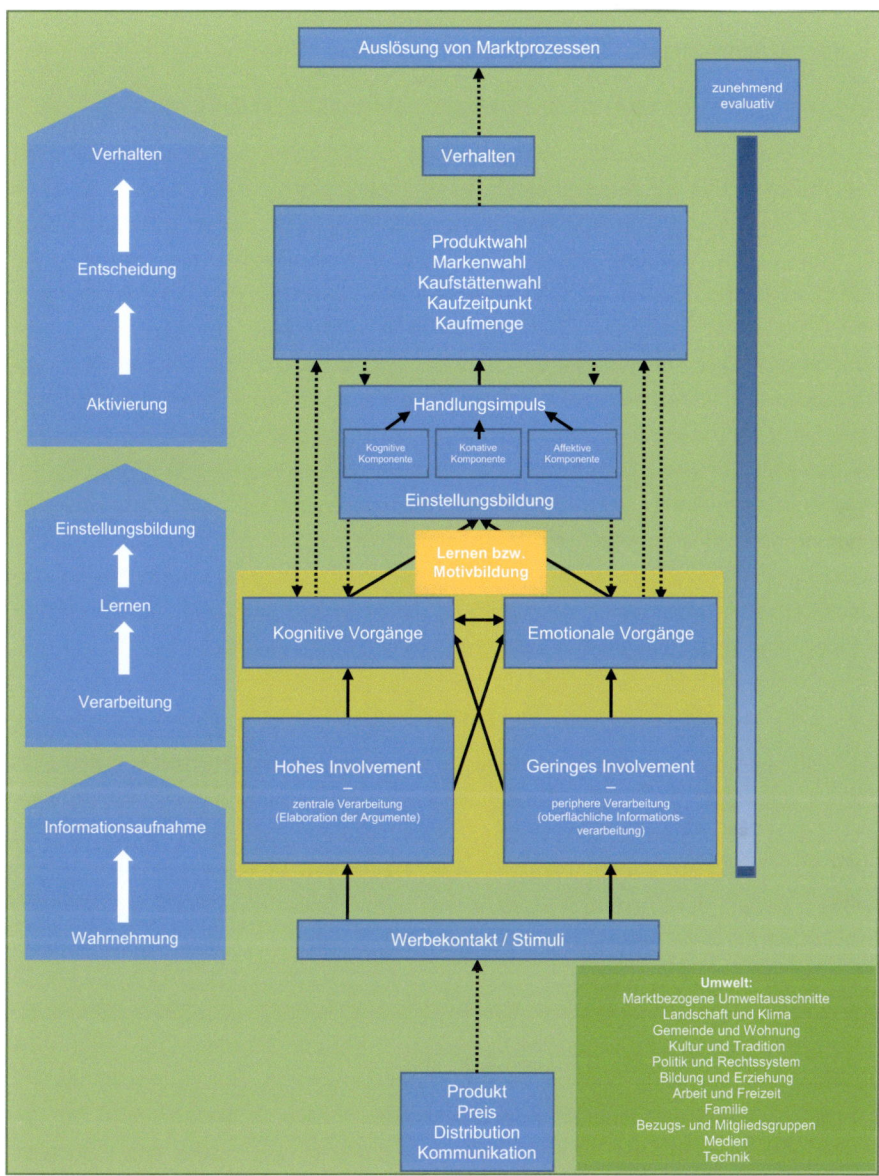

Abbildung 3-6: Zusammenfassende Wirkungsmatrix von Werbebotschaften (Eigene Darstellung; in Anlehnung an Schürmann, 1993, S. 48)

4 Kognitionspsychologische Methoden der Beeinflussung in der Werbung

4.1 Das Interesse an der unterschwelligen Wahrnehmung in der Werbung

Der Gedanke, unterschwellige Wahrnehmung für Werbezwecke zu nutzen, ist nicht neu. Bereits 1957 führte der Marktforscher Vicary einen heute immer noch sehr bekannten Versuch durch. Mithilfe eines zweiten Projektors strahlte er in einem Kino in New Jersey während eines Filmes alle fünf Sekunden die Worte: „EAT POPCORN" und „DRINK COCA-COLA" auf die Leinwand. Die Darbietungsdauer dieses Reizes soll zwischen 1/300 und 1/6000 Sekunden betragen haben. Insgesamt dauerte das Experiment sechs Wochen an. In diesem Zeitraum soll der Popcorn-Verbrauch um 18 Prozent und der Coca-Cola-Verbrauch um 57 Prozent gestiegen sein. Da Vicary wenige Einzelheiten zu seinem Vorgehen preisgab, sondern statt-dessen sein Vorgehen patentieren ließ, konnten damals keine eindeutigen wissen-schaftlichen Nachforschungen zu diesem Phänomen durchgeführt werden. Heute ist bekannt, dass Vicarys Arbeit ein Betrug war. Dennoch war das Interesse an unter-schwelliger Beeinflussung in der Werbung geweckt. Bis heute wurden zahlreiche Methoden zur Konsumentenbeeinflussung entdeckt und erforscht, die in diesem Kapitel näher betrachtet werden sollen (*vgl. Felser, 2015, S. 125*).

4.2 Emotion und ihre Rolle bei Kaufentscheidungen

Bei Werbespots im Fernsehen, Anzeigen in Magazinen oder auf Plakaten merkt man schnell, dass Sachargumente häufig keine zentrale Rolle mehr bei der Werbegestal-tung spielen. Kommunikation findet zunehmend auf der Gefühlsebene statt und ist mit der Hoffnung verbunden, dass bestimmte Emotionen auf das Produkt übertragen werden. Sobald der Kunde das Produkt wahrnimmt, sollen auch positive Emotionen aktiviert werden (*vgl. Florack und Scarabis, 2002, S. 28*).

Der amerikanische Neurobiologe Antonio Damasio schreibt, dass ohne Emotionen Entscheidungsprozesse wesentlich schwerer zustande kommen. Sie sind eine wichtige Voraussetzung für Rationalität. Hirnschädigungen, die neuronale Verbin-dungen zwischen präfrontalem Kortex und dem limbischen System (der Ort der emotionalen Verarbeitung) befallen haben, erschweren das Treffen von rationalen Entscheidungen, auch bei ansonsten voll funktionstüchtigen kognitiven Fähigkeiten (*vgl. Stephan, 2004, S. 21*).

In der Psychologie werden Emotionen häufig getrennt von kognitiven Prozessen behandelt. Aufgrund der Überlappungen und Ergänzungen der beiden Ausprägungen, werden Emotionen hier bewusst mit in das Buch aufgenommen (*vgl. Raab und Unger, 2001, S. V*).

Da Emotionen eine Valenz haben, werden sie stets angenehm oder unangenehm wahrgenommen. Emotionen sind dabei gerichtet. Sie lassen sich auf Situationen, Gegenstände oder Erlebnisse, von denen sie abhängen, beziehen und sind auf ein Mindestmaß von Aktivierung angewiesen (*vgl. Felser, 2007a, S. 36*).

Bedeutung für die Werbung
Wenn sich Produkte in ihrem Gebrauchswert wenig unterscheiden und das das Kaufrisiko gering ist, spielen Emotionen aus zwei Gründen eine wichtige Rolle:

1. Wenn wenig kognitiver Aufwand betrieben wird, um eine Kaufentscheidung zu treffen, hängt die Entscheidung häufiger von relativ automatisch ablaufenden Prozessen ab. Zahlreiche Emotionen sind solche automatischen Prozesse. Je ähnlicher Angebote werden, umso wichtiger sind also emotionale Aspekte.
2. Für Konsumenten wird der Zusatznutzen eines Produktes immer wichtiger. Wer ein Schwimmbad besucht, erwartet nicht nur eine gefliese Grube, die mit Wasser gefüllt ist. Musik, kulinarische Erlebnisse, Lichter, angenehme Kommunikationsmöglichkeiten, Kinderbetreuung und Events sind nur ein Auszug dessen, was ein Kunde an Erwartungen mitbringen kann. Für Kunden soll eine Konsumhandlung kein notwendiges Übel, sondern ein Erlebnis sein. Dieser neue Kundenanspruch kann mithilfe von Emotionen erfüllt werden. Produkte können, ohne das direkt etwas an ihnen geändert wird, mithilfe der Werbung, über ihren Gebrauchswert hinaus, hin zum Erlebniswert wachsen (*Felser, 2007a, S. 39*).

4.2.1 Die Limbic Map® als Emotions- und Motivationssystem

„Bietet man in der Werbung wiederholt eine Marke zusammen mit emotionalen Reizen dar, so erhält die Marke für die Umworbenen einen emotionalen Erlebnisgehalt" (*Kroeber-Riel und Esch, 2000, S. 212*). Da die Werbewirkung nicht nur vom dargestellten emotionalen Reiz der Werbung abhängt, sondern vorwiegend durch die Reaktion der Empfänger auf den Reiz hervorgerufen wird, sind die subjektiven Gefühle des Empfängers maßgeblich für die Werbegestaltung. Daraus ergibt sich die Notwendigkeit, die Gefühlswelt der Zielgruppe genau zu kennen.
Das limbische System ist der Sitz aller Emotionen und Motive im Gehirn (*vgl. Kirichuk, 2008, S. 27*).

Die Limbic Map® ist in Anlehnung an das Zürcher Modell der sozialen Motivation nach Norbert Bischof, von Hans-Georg Häusel weiterentwickelt worden und versucht, Kaufentscheidungen von Konsumenten transparenter zu gestalten.

Um zu verstehen, wie sich Emotionen gezielt im Marketing nutzen lassen, ist es wichtig, die Vielfalt der Konsumentenbedürfnisse zu kennen (*vgl. Kirichuk, 2008, S. 22*). Dies geschieht, indem Häusel drei Motivationssysteme definiert hat, die das Leben und Verhalten von Menschen bestimmen (*vgl. Häusel, 2004, S. 29f.*):

1. Balance- bzw. Sicherheitssystem: Dieses System kann durch den Wunsch nach Sicherheit, Stabilität, Ruhe, Geborgenheit und gleichzeitig durch Vermeidung von Unsicherheit und Angst charakterisiert werden. Das Balance-System stellt die stärkste Kraft im menschlichen Gehirn dar. Menschen bevorzugen beim Kaufen eine stressfreie Umgebung, in der sie sich sicher bewegen können und gut behandelt werden.

2. Stimulanz- bzw. Erregungssystem: Dieses System kennzeichnet sich durch den Wunsch nach Abwechslung und Belohnung, bzw. die Vermeidung von Reizarmut und Langeweile aus. Auch das Streben hin zum Fremden und Neuen zählt dazu. Technische Innovationen und Trends profitieren am stärksten von dieser Ausprägung.

3. Dominanz- bzw. Autonomiesystem: Dieses System wird vom Wunsch nach Macht, Durchsetzung, Status und Autonomie geprägt. Außerdem zeichnet es sich durch die Vermeidung von Ausgeliefertsein, Fremdbestimmung und Unterdrückung aus. Auch Leistungsstreben, Geltung und Selbstwert sind hier einzuordnen. Produkte, die eine Leistungssteigerung mit sich bringen, in der Karriere helfen, den Jagdtrieb ansprechen (Schnäppchen-Jäger) und die eigene Effizienz verbessern zählen dazu. Vorwiegend Produkte, die Statussymbole darstellen, können so angesprochen werden. Dazu zählen Autos, teure Uhren, Sportgeräte oder Werkzeuge, die das Selbstwertgefühl verbessern bzw. eine Leistungssteigerung versprechen.

Kunden unterscheiden sich in ihrer jeweiligen Ausprägungsstärke gegenüber den Systemen. Diese können stabil vorliegen, sie können aber auch, je nach Situation oder Umstand, stark variieren. Anhand der Limbic Map® wird ersichtlich, wie Werte und Emotionen im Kopf des Konsumenten zusammenspielen. Um eine noch genauere Einteilung vornehmen zu können, wurden die drei Motivationssysteme durch Motiv-Subelemente, in Abbildung 4-1 durch Kreise und Ellipsen dargestellt, ergänzt (*vgl. Kirichuk, 2008, S. 27*).

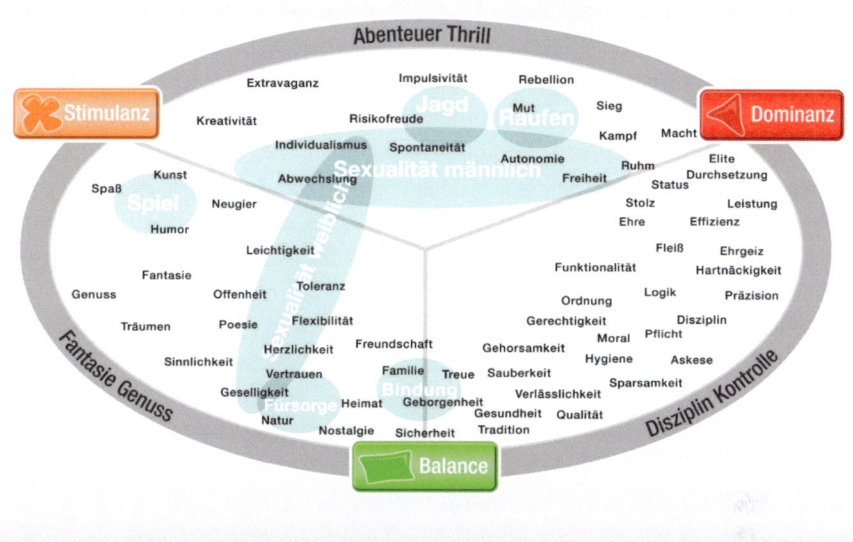

Abbildung 4-1: Die Limbic Map® (Häusel, © 2016)

Da eine gleichzeitige Aktivierung einzelner Bestandteile der Motivsysteme und ihrer Subsysteme möglich sind, können sich Mischformen wie: Abenteuer/Thrill, Fantasie/Genuss, Disziplin/Kontrolle, usw. ergeben (*vgl. Häusel, 2004, S. 42*).

Durch das Zusammenfassen aktueller Erkenntnisse aus Psychologie- und Hirnforschung lassen sich aus der Limbic Map® Marketingstrategien, wie Markenpositionierung, Zielgruppenformulierung und andere Marketingmaßnahmen ableiten (*vgl. Häusel, 2007, S. 61*). Je eindeutiger eine Marke in der Limbib Map® positioniert ist, desto klarer und einfacher kann der Kunde das Produkt mit der dazugehörigen Emotions- und Motivationswelt verknüpfen und es von anderen Produkten differenzieren (*vgl. Häusel, 2007, S. 75*).

Als Beispiel sei die Marke L'Oreal genannt. Diese positioniert sich mit ihrem Spruch: „Weil sie es sich wert sind" klar im dominanten Bereich. Erfolgreiche Stars und Models sind in den Werbeclips zu sehen und implizieren Ruhm, Macht, Status und Elite. Die Zielgruppe sind erfolgsorientierte Frauen, die nach diesen Werten streben. Aus diesem Grund sind die Produkte auch im Premiumbereich angesiedelt und verhältnismäßig teuer (*vgl. Kirichuk, 2008, S. 30*).

4.2.2 Das Schachter-Singer-Paradigma

In einem Experiment wurde Probanden Adrenalin verabreicht. Dieses löste eine unspezifische körperliche Erregung aus. Einige Versuchspersonen wurden über die Wirkung des Adrenalins aufgeklärt, andere nicht. Im Anschluss begegneten den Probanden weiterer Personen, die entweder freudig-euphorisch oder ärgerlich-gereizt wirkten. Die Versuchspersonen, die von der Wirkung des Adrenalins wussten, blieben von den Begegnungen relativ unbeeindruckt. Die Personen, die uninformiert blieben, tendieren dazu, die Stimmung der Gegenüber anzunehmen (*vgl. Schachter und Singer, 1962, S. 379ff.*). Die Probanden, die über die Wirkung des Adrenalins aufgeklärt wurden, deuteten während des Experimentes die Erregung als eine Folge der Substanz. Die Probanden, die über die Wirkung nicht aufgeklärt wurden, deuteten die Erregung als eine Folge der eigenen emotionalen Situation. Ein Stimuli löst bei einem Individuum eine physiologische Reaktion hervor, die in einem zweiten Schritt kognitiv verarbeitet und interpretiert wird (*vgl. Zurstiege, 2007, S. 182*).

Dieses Experiment, das ein gutes Beispiel für ein S-O-R-Modell darstellt, zeigt, dass Menschen innere Zustände oft nicht richtig deuten und äußere Informationen zum vollständigen Verständnis nutzen. Die Herausforderung für die Werbung besteht darin, eine Werbebotschaft zu erstellen, die bei möglichst vielen Organismen die gleiche Reaktion hervorruft (*vgl. Zurstiege, 2007, S. 182*). Darüber hinaus wird deutlich, wie stark sich das Zusammenspiel von kognitiven- und affektiven Elementen, auf das Verhalten auswirkt.

4.3 Entscheidungsheuristiken

Da der Mensch nur begrenzte Verarbeitungskapazitäten besitzt, werden Entscheidungen unter eingeschränkter Rationalität konzipiert. Entscheidend ist, wie menschliche Entscheidungen tatsächlich und nicht idealerweise funktionieren. Einfache Entscheidungsregeln und Heuristiken helfen schnell, effizient und mit ausreichender Genauigkeit ein Ziel zu erreichen (*vgl. Felser, 2007a, S. 88ff.*).

Dabei werden unter anderem auch logische Prinzipien, wie das Gesetz der Transitivität verletzt. Wenn Produkt A dem Produkt B vorgezogen wird und Produkt B dem Produkt C vorgezogen wird, verlangt das Gesetz der Transitivität, dass Produkt A dem Produkt C vorzuziehen ist. In der Praxis wird dieses Gesetz bei zahlreichen Konsumentscheidungen, auch aufgrund von Heuristiken, regelmäßig nicht eingehalten (*vgl. Gigerenzer und Goldstein, 1999, S. 83*). Forschungen zeigen, dass Menschen nicht nur auf Heuristiken zurückgreifen, wenn entscheidungsrelevante Informationen fehlen, sondern auch bei günstiger Informationslage (*vgl. Gigerenzer und Todd, 1999, S. 3ff.*). Konsumenten vereinfachen ihre Kaufentscheidung gerne. Dazu werden Filter eingesetzt, die nur relevante Informationen für die Entscheidung auswählen. Diese Filter, die Entscheidungsheuristiken sind, sollen im Folgenden vorgestellt werden (*vgl. Felser, 2015, S. 176*).

4.3.1 Die Verfügbarkeitsheuristik

Die Regel der Verfügbarkeitsheuristik besagt, dass in Entscheidungssituationen vorwiegend gut verfügbare Informationen verwendet werden (*vgl. Tversky und Kahneman, 1974, S. 1124ff.*).

Die meisten Kaufentscheidungen treffen Kunden schnell und ohne großen geistigen Aufwand. Dabei greift der Kunde auf Informationen zurück, an die er sich leicht erinnern kann. Informationen die nur schwer zu erreichen sind, werden dabei vernachlässigt, auch wenn sie von gleicher oder sogar noch höherer Relevanz sind (*vgl. Baker, 1993, S. 55*).

Die Information, eine Erinnerung leicht abrufen zu können, wird dabei selbst als Information wahrgenommen. Informationsverfügbarkeit beeinflusst deswegen maßgeblich die Entscheidung der Konsumenten (*vgl. Felser, 2015, S. 177*).

Auf die Frage, ob es wahrscheinlicher ist, dass ein zufällig gezogenes Wort als ersten oder als dritten Buchstaben ein „K" im Englischen hat, gaben die meisten Probanden an, dass es wahrscheinlicher ist, dass der erste Buchstabe ein „K" ist. Das liegt daran, dass die Probanden versucht haben, sich an möglichst viele Wörter zu erinnern, die den beiden Kriterien entsprechen. Dabei fiel es ihnen leichter, sich an Wörter zu erinnern, die mit „K" anfangen, obwohl es im englischen drei Mal mehr Wörter mit „K" an dritter Stelle, als an erster Stelle gibt (*vgl. Tversky und Kahneman, 1974, S. 1127*).

Die Teilnehmer nahmen an, dass wenn es ihnen schon schwer fällt, sich an einige Wörter zu erinnern, es auch weniger Wörter geben muss. Dieses Experiment macht klar, dass die Probanden ihre kognitive Verarbeitungsflüssigkeit beobachten und daraus Schlüsse ziehen. Was ihnen schnell und ohne viel nachdenken einfällt, wird als Beleg für die Wichtigkeit, Wahrheit, Relevanz und Einschlägigkeit einer Information angesehen. Eine hohe Verarbeitungsflüssigkeit kann dann als Indiz für Popularität, langjährige Bewährung oder hohe Verbreitung angesehen werden. Diese Anwendung führt, wie hier im Beispiel, nicht immer zu richtigen Ergebnissen (*vgl. Felser, 2015, S. 177*).

So profitieren beispielsweise Versicherungen vom Effekt der Verfügbarkeitsheuristik, wenn Menschen die Wahrscheinlichkeiten eines Einbruchs oder Mordes höher einschätzen, als die Wahrscheinlichkeit an Krebs zu erkranken. Personen mit einem besonders hohen Medienkonsum, sind für diese Art der Beeinflussung anfälliger, als

Personen mit einem vergleichsweise niedrigem Medienkonsum (vgl. *Gerbner et al., 1986, S. 17ff.*).

Wie die Verarbeitungsflüssigkeit kurzfristig manipuliert werden kann, zeigten Fazio et al. (*vgl. Fazio et al., 1981, S. 232ff.*):

In einem Experiment wurden Versuchspersonen in zwei Gruppen eingeteilt. Die erste Gruppe sollte sich der Frage: „Was würden Sie tun, um in eine müde Fete Leben zu bringen", die zweite Gruppe der Frage: „Welche Dinge gibt es an lauten Feten, die Ihnen mißfallen?" stellen. In einer anschließenden Befragung stellten sich die Probanden der ersten Gruppe wesentlich extravertierter dar, als die der zweiten Gruppe. Durch die Suggestivfragen wurden Verhaltens- und Einstellungsmerkmale aktiviert. Dadurch wurde Ihre Verfügbarkeit erhöht. Besonders hoch ist der Effekt bei Menschen, die sich selbst weder als extra- noch als introvertiert beschreiben. Heuristiken wirken bei subjektiver Unsicherheit im Urteil am effektivsten (*vgl. Felster, 2015, S. 178*).

4.3.2 Die Rekognitionsheuristik

Wenn das bloße Wiedererkennen eines Objektes so überzeugend wirkt, dass andere Entscheidungskriterien außer Acht gelassen werden, spricht man von der Rekognitionsheuristik. Der Grund der Wiedererkennung spielt dabei keine Rolle. Da das Prinzip der Rekognitionsheuristik darauf beruht, dass eine Alternative gewählt wird, weil sie einem bekannt vorkommt und die anderen Alternativen unbekannt sind, wird ein gewisses Maß an Ignoranz vorausgesetzt (*vgl. Goldstein und Gigerenzer, 1999, S. 37f.*).

Auf den ersten Blick scheint es so, als wäre die Rekognitionsheuristik kaum von der Verfügbarkeitsheuristik zu unterscheiden. Beide Heuristiken beruhen auf einer Metakognition. Die Rekognitionsheuristik wird allerdings von dem Gefühl sich zu erinnern ausgelöst. Die Verfügbarkeitsheuristik beruht auf der Flüssigkeit der Informationsverarbeitung (*vgl. Yzerbyt et al., 1998, S. 51ff.*).

Die beiden Heuristiken unterscheiden sich in den beteiligten Gedächtnisprozessen. Die Rekognition weist einen binären Charakter auf. Entweder erinnert man sich, oder nicht (*vgl. Yzerbyt et al., 1998, S. 56f.*).

4.3.3 Die Repräsentationsheuristik

Die Repräsentationsheuristik besagt, dass die Wahrscheinlichkeit, mit der ein Gegenstand einer Kategorie angehört, mit seiner Ähnlichkeit zur Kategorie erklärt wird. Nach dem Prinzip der Ähnlichkeit hat sie mehrere Eigenschaften (*Felser, 2015, S. 180*):

- „Eine Stichprobe ist repräsentativ für die Grundgesamtheit.
- Ein Element ist repräsentativ für eine Kategorie.
- Ein Verhalten ist repräsentativ für einen Handelnden."

In manchen Fällen kann die Repräsentationsheuristik Menschen in die Irre führen. Vor allem dann, wenn wichtige Informationen ignoriert werden.

In einem Experiment von Kahneman und Tversky (1972) sollten Probanden entscheiden, ob eine beschriebene Person Anwalt oder Ingenieur ist:
„Jack ist 45 Jahre alt. Er ist verheiratet und hat vier Kinder. Im Allgemeinen ist er konservativ, sorgfältig und ehrgeizig. Er interessiert sich nicht für Politik oder soziale Fragen und verwendet den größten Teil seiner Freizeit auf eines seiner Hobbies, wie zum Beispiel Tischlern, Segeln und mathematische Denksportaufgaben" (*Felser, 2015, S. 180*).
Zusätzlich zur Beschreibung wurde noch eine wichtige Zusatzinformation gegeben: Jack ist Teil einer Gruppe von 100 Personen, von denen 70 Anwälte und 30 Ingenieure sind. Dass diese Information kaum genutzt wurde, lässt sich erstens daran erkennen, dass Jack mit höherer Wahrscheinlichkeit für einen Ingenieur gehalten wird und zweitens daran, dass sich die Wahrscheinlichkeitsurteile kaum ändern, wenn man die Zahlen der Zusatzinformation umdreht, also angibt, dass sich die 100 Personen aus 30 Anwälten und 70 Ingenieuren zusammensetzen (*vgl. Kahneman und Tversky, 1972, S. 430ff.*).
Häufig lassen sich die Verzerrungen durch die Nutzung der Repräsentationsheuristik auf die Missachtung statistischer Regeln zurückführen. Um die Frage nach der Wahrscheinlichkeit eines Ereignisses zu beantworten, ist entscheidend, wie häufig das Ereignis insgesamt auftritt (*vgl. Felser, 2015, S. 180f.*).
Ein verbundenes Ereignis kann nicht wahrscheinlicher sein, als die Einzelereignisse. Dies wird an einem anderen Versuch von Kahneman und Tversky klar. Versuchspersonen wurde eine Personenbeschreibung gegeben und sie sollten entscheiden, welche Aussage wahrscheinlicher ist:

1. Linda ist Bankangestellte
2. Linda ist Bankangestellte und in der Frauenbewegung aktiv.

Die Personenbeschreibung lautete folgendermaßen:
"Linda is 31 years old, single, outspoken and very bright. She majored in philosophy. As a student, she was deeply concerned with issues of discrimination and social justice, and also participated in anti-nuclear demonstrations."

Die zweite Aussage kann als Teilmenge der ersten Aussage nicht wahrscheinlicher sein. Da die zweite Aussage aber repräsentativer für die Beschreibung ist, entschieden sich die meisten Versuchspersonen für die Aussage zwei (*Kahneman und Tversky, 1983, S. 297ff.*).

4.4 Implizites Erinnern und der Mere-Exposure-Effekt

Da Werbung in der Regel mit wenig Aufmerksamkeit verfolgt wird, ist es sinnvoll, sich die Effekte der Informationsverarbeitung näher anzusehen, die automatisch ablaufen.

Automatisch

Um von einem automatisch ablaufenden Prozess zu sprechen, muss definiert werden, unter welchen Bedingungen etwas automatisch abläuft. Automatische Prozesse sind (*vgl. Bargh, 1996, S. 170*):

1. nicht beabsichtigt,
2. nicht kontrollierbar,
3. effizient
4. und können zeitgleich mit anderen Tätigkeiten erfolgen.

In der Praxis erfüllen die Automatismen des Verhaltens selten alle vier Kriterien. Vor allem können zahlreiche automatische Verarbeitungsprozesse kontrolliert werden. So können Vorurteile oder Stereotypen bei der Urteilsbildung überkommen werden, indem man sich darauf fokussiert. Für Bargh ist das entscheidende Merkmal für einen automatischen Prozess die Autonomie. Der Prozess kann selbstständig, für sich alleine und ohne Überwachung ablaufen (*vgl. Bargh, 1996, S. 173ff.*).

4.4.1 Effekte des impliziten Erinnerns

Die Nutzung einer Gedächtnisspur, ohne dass diese Nutzung von dem Gefühl begleitet wird, sich zu erinnern, nennt man implizites Erinnern (*vgl. Felser, 2007b, S. 436*).

Wer eine Zeitschrift durchblättert und dabei auf Werbeartikel stößt, nimmt diese häufig nur oberflächlich war. Später erinnert man sich in der Regel nicht einmal mehr an die einzelnen Artikel. Wenn man die bereits gesehenen Artikel in einen Stapel mit anderen, ungesehenen Artikeln mischt und Probanden nach ihrem Urteil über Gestaltung und Sympathie zu den Artikeln fragt, schneiden die bereits gesehenen Artikel wesentlich besser ab. Bei dieser Entscheidung wird häufig nicht einmal wahrgenommen, dass die Artikel bereits bekannt waren (*vgl. Perfect und Askew, 1994, S. 693ff.*). Der Beeinflusste ist sich also nicht immer der Beeinflussung bewusst.

„Der gesamte Prozess – von der Wahrnehmung über die Entschlüsselung der Bedeutung bis hin zur Aktivierung des Verhaltens – verläuft am Bewusstsein vorbei, er bleibt implizit" (*Scheier und Held, 2012, S. 61*).

4.4.2 Der Effekt der bloßen Darbietung, der Mere-Exposure-Effekt

Die grundlegende Arbeit für den Mere-Exposure-Effekt leistete Zajonc im Jahr 1968: „mere repeated exposure of the individual to a stimulus is a sufficient condition for the enhancement of his attitude towards it" (*Zajonc, 1968, S. 1*). Ein Reiz wird nach bloßer Darbietung tendenziell positiver bewertet (*vgl. Felser, 2007b, S. 436*).

Zajonc (1968) legte Versuchspersonen chinesische Schriftzeichen vor. Dabei kamen einige Schriftzeichen mehrfach vor. Später sollten die Versuchspersonen angeben, ob sie den jeweiligen chinesischen Schriftzeichen eher eine positive- oder eine negative Bedeutung zusprechen würden. Dabei stellte sich heraus, dass häufiger gesehene Schriftzeichen eher mit positiven Bedeutungen assoziiert wurden, als seltener gesehene.

Der Mere-Exposure-Effekt ist nahezu allgegenwärtig. Um ein Musikstück zu vermarkten, wird es ständig im Radio gespielt. Politiker hängen Wahlplakate auf, um durch die ständig wiederholte Darbietung bekannt und populär zu werden.

Wie robust dieser Effekt ist, zeigte Bornstein (1989a) durch eine umfassende Meta-Analyse. Bei dem Vergleich von 134 empirischen Arbeiten, konnte er darüber hinaus die Bedingungen feststellen, unter denen der Mere-Exposure-Effekt am stärksten wirkt:

1. Mere-Exposure-Effekte können mit unterschiedlichen Stimulus-Materialien hervorgerufen werden, z.B. durch Bilder, akustisches Material oder Begriffe.
2. Mere-Exposure-Effekte sind bei komplexen Reizvorgaben stärker. Einfache Reize rufen nur geringe Affektverbesserungen nach häufiger Darbietung hervor.
3. Der Mere-Exposure-Effekt ist nicht beliebig steigerbar. Nach bereits zehn Darbietungen kann die Effektverbesserung nachlassen (*vgl. Bornstein, 1989a, S. 272*).
4. Der Mere-Exposure-Effekt wird schwächer, je länger die Darbietungszeit ist. Am stärksten ist der Effekt bei einer Darbietungszeit von unter einer Sekunde.
5. Der Mere-Exposure-Effekt ist kein Wiedererkennungseffekt. Sein wirken hängt nicht davon ab, ob sich Versuchspersonen an die Reizvorgabe erinnern. Bewusste Erinnerungen dämpfen den Effekt sogar (*vgl. Bornstein, 1989a, S. 281*).

6. Der Mere-Exposure-Effekt ist stärker, wenn Zielpersonen nicht direkt nach der Reizdarbietung um eine Einschätzung gebeten werden.
7. Der Mere-Exposure-Effekt ist bei jüngeren Versuchspersonen schwächer.

Am effektivsten ist der Mere-Exposure-Effekt also bei Erwachsenen, die beiläufig und nicht bewusst einen komplexen Reiz zum wiederholten Male, in unter einer Sekunde Darbietungszeit aufnehmen, an den sie sich nicht bewusst erinnern.

Ob für das Wirken des Mere-Exposure-Effektes die fehl attribuierte Verarbeitungs-flüssigkeit verantwortlich ist, ist noch umstritten. Dass eine erhöhte Verarbeitungs-flüssigkeit Sympathie erzeugen kann, zeigten beispielsweise Winkielmann und Cacioppo (2001).

4.4.3 Anwendung in der Werbung

Dass beiläufig aufgenommene Informationen in der Werbung eine Schlüsselrolle einnehmen, geht schon aus dem Involvement-Begriff (siehe Kapitel 3.5) hervor, der die Unterscheidung zwischen aufmerksamer- und nicht aufmerksamer Inforations-aufnahme verdeutlicht.

In einem Versuch zeigten Shapiro et al. (1997) die Wirkung des More-Exposure-Effekts. Versuchspersonen sollten an einem Computerbildschirm einen Text lesen und gleichzeitig den Cursor nach einer bestimmten Regel über den Bildschirm bewegen. Am Rand des Bildschirms tauchten dabei gelegentlich Werbeanzeigen auf. Nach dem Versuch konnten sich die Probanden nicht mehr bewusst an die Anzeigen erinnern. Als im Anschluss eine Kaufsituation simuliert wurde, stellte man fest, dass die beworbenen Produkte signifikant häufiger gewählt wurden.

Ist die Aufmerksamkeit bei der Wahrnehmung geteilt, werden später wesentlich weniger Reize bewusst erinnert. Bei impliziten Gedächtnisphänomenen ist eine geteilte Aufmerksamkeit bei der Wahrnehmung wenig hinderlich. Hier fehlt später das Erlebnis der Erinnerung. Was bleibt, ist das unbewusste Gefühl der Vertrautheit mit dem Reiz und seine positiven Begleiterscheinungen (*vgl. Jacoby und Kelley, 1992, S. 212*).

Eine Form der Anwendung des Mere-Exposure-Effektes stellt das Splitscreen-Verfahren beim Fernseher dar. Auf der einen Seite des Bildschirms läuft Werbung, auf der anderen Seite das normale Fernsehprogramm. Eine andere Anwendungs-form ist das Product Placement (*vgl. Felser, 2015, S. 86*).

In der Werbepraxis ist es aufgrund des Mere-Exposure-Effektes wichtig, kontinuier-lich und breit gestreut Präsenz zu zeigen (vgl. *Zurstiege, 2007, S. 184*).

4.5 Priming und Kontexteffekte in der Werbung

Beeinflusst ein vorangegangener Reiz die Verarbeitung eines nachfolgenden Reizes, spricht man von assoziativer Bahnung oder auch Priming. Die vorangegangenen Reize können als Interpretationsrahmen bezeichnet werden, der im Folgenden bestimmte weitere Aktivierungen, aufgrund von damit ausgelösten Assoziationen, wahrscheinlicher- und andere unwahrscheinlicher macht. Dieser Prozess läuft in den meisten Fällen implizit ab (*vgl. Felser, 2007a, S. 189*). Das zugrundeliegende Prinzip für die Wirkung von Kontexteffekten, ist mit dem Priming identisch.

4.5.1 Priming

„Werbemaßnahmen wirken meist durch ihren Einfluss auf eben jenen Interpretations-rahmen, den ein Konsument bei der Beurteilung eines Produkts verwendet, und durch die Informationen, die er dabei in seinem Gedächtnis aktiviert" (*Florack und Scarabis, 2002, S. 28*). Erreicht eine Werbemaßnahme ihr Ziel, wird ein Produkt mit positiven Eigenschaften verbunden. Es entsteht im Gedächtnis eine Assoziation zwischen positiver Bewertung und dem Produkt (*vgl. Florack und Scarabis, 2002, S. 28*).

Um den Priming-Effekt für die Werbung auszunutzen, ist es wichtig, verschiedene Werbeträger aufeinander abzustimmen. Fernsehwerbung kann eine Werbebotschaft erstmalig bahnen. Sieht ein Kunde später ein Plakat mit derselben Werbebotschaft, wird ihre Wirkung verstärkt (*vgl. Scheier und Held, 2012, S. 62*).

Bei der Wirkung des Primings unterscheidet Bornstein drei Möglichkeiten (*vgl. Bornstein, 1989b, S. 231ff.*):

1. Die Bedeutung eines Begriffes kann verfügbar gemacht werden, sodass die spätere Informationsverarbeitung von der erhöhten Verfügbarkeit profitieren.
2. Der unterschwellige Reiz kann Motiv- und Affektzustände ansprechen. Existiert bereits ein Bedürfnis, wird es zusätzlich aktiviert. Neue Bedürfnisse können nicht aktiviert werden.
3. Der unterschwellige Reiz kann durch eine häufige Darbietung eine positivere Affektlage gegenüber dem Reiz hervorrufen. Dieses Phänomen wurde als Mere-Exposure-Effekt bereits in Kapitel 4.4.2 erläutert.

4.5.2 Kontexteffekte

Eine besondere Anwendung findet das Priming bei der Beeinflussung von Urteilen, die über Zielgegenstände gefällt werden. Abhängig davon, woran man zuvor gedacht hat, können Urteile unterschiedlich ausfallen. Der Kontext ist entscheidend. So wirkt ein mäßig attraktives Angebot neben unattraktiven Angeboten wesentlich interessanter. Es wurde ein Kontrasteffekt hervorgerufen (*vgl. Felser, 2015, S. 141f.*).

Dass in der Werbepraxis Produkte in einem angenehmen Kontext gestellt werden, ist mit der Hoffnung verbunden, dass die positiven Effekte des Kontextes, auf das Produkt übertragen werden. Informationen, die durch das Priming verfügbar werden, haben nicht immer denselben Effekt bei der Beurteilung des Zielreizes. Grund dafür ist das Einfließen von Informationen, die zum Urteilszeitpunkt am besten verfügbar sind.

Der Halo-Effekt

Der Halo-Effekt ist die Übertragung eines Attributes der Wahrnehmung auf andere wahrgenommene Eigenschaften, so dass andere Bereiche positiver- oder negativer wahrgenommen werden (*vgl. Thorndike, 1920, S. 25ff.*).

Der Halo-Effekt kann als eine Tendenz zur Gruppierung verstanden werden. Wenn eine Person fleißig ist, schreibt man ihr eher auch Gewissenhaftigkeit und Intelligenz zu. Für den Halo-Effekt ist der erste Eindruck von einer Sache oder Person besonders entscheidend. Er gilt als Referenz für folgende Eindrücke. Menschen, die physisch attraktiv sind, werden häufig weitere positive Eigenschaften zugesprochen, ohne dass dafür weitere Anhaltspunkte bestehen (*vgl. Felser, 2015, S. 143*).

Die Wirksamkeit des Halo-Effekts konnten Nisbett und Wilsonn (1977) in einer Untersuchung nachweisen. Männliche Versuchspersonen sollten Aufsätze nach ihrer Qualität beurteilen. Dazu wurden den Probanden noch Fotos der vermeintlichen Autorinnen zur Verfügung gestellt. Dabei stellte sich heraus, dass die Aufsätze der attraktiven Frauen wesentlich besser beurteilt wurden, als die der weniger attraktiven Frauen. Dies geschieht, ohne dass die Probanden den Effekt bemerkten oder ihn eingestanden.

Assimilations- und Kontrasteffet

Der Einfluss, den der Kontext hat, schwankt zwischen zwei Ausprägungen: Angleichung bzw. Assimilation und Kontrast (*vgl. Schwarz und Bless, 1992, S. 217ff.*).

Welcher der beiden Effekte hervorgerufen wird, hängt von der Kategorisierung der Informationen ab.

Damit der Assimilierungseffekt einsetzt, muss Zusammengehörigkeit wahrgenommen werden. Kontextreiz und Zielreiz müssen derselben Kategorie angehören. Beim Kontrasteffekt werden die Reize so wahrgenommen, als gehören sie zu verschiedenen Kategorien. Der Kontextreiz stellt dann einen Maßstab zur Beurteilung dar. Der Ausschluss des Zielreizes aus der Kategorie, der der Kontextreiz bereits angehört, muss eigens ausgelöst werden (*vgl. Schwarz und Bless, 1992, S. 221*). Aus diesem Grund ist Kontrastierung auch kognitiv aufwendiger. In Situationen, in denen wir kognitiv eingeschränkt sind, neigen Menschen deswegen zu Assimilationen (*vgl. Martin et al., 1990, S. 27ff.*). Ein Zielreiz wird dabei an einen Kontextreiz assimiliert. Liegen dann Gründe vor, den Zielreiz anders zu kategorisieren, ist ein Kontrasteffekt wahrscheinlich.

Möchte man bewusst einen Kontrasteffekt hervorzurufen, sollten folgende Empfehlungen eingehalten werden (oder nicht, um das Einsetzen eines Assimilierungseffekts wahrscheinlicher zu machen):

1. „[…] versuchen Sie, den Zielreiz direkt aus der Kontextkategorie zu subtrahieren" (*Felser, 2015, S. 143*).
2. „[…] rücken Sie, wenn möglich, Ziel- und Kontextreiz zeitlich weit auseinander" (*Felser, 2015, S. 144*).
3. „[…] geben Sie Ziel- und Kontextreiz so weinig gemeinsame Merkmale wie möglich" (*Felser, 2015, S. 144*).
4. „[…] wählen Sie einen möglichst extremen Kontextreiz" (*Felser, 2015, S. 144*).
5. „[…] wählen Sie die Kontextkategorie so, dass ihre Eigenschaften leicht auch auf den Zielreiz angewendet werden können" (*Felser, 2015, S. 145*).
6. „[…] wählen Sie die Zielkategorie so klein wie möglich" (*Felser, 2015, S. 145*).
7. „[…] wählen Sie auch die Kontextkategorie so klein wie möglich" (*Felser, 2015, S. 145*).
8. „[…] dann sollten Sie den Kontext als besonders untypisch für den Zielreiz darstellen" (*Felser, 2015, S. 148*).
9. „[…] machen Sie den Urteilsprozess bei ihrem Publikum bewusst" (*Felser, 2015, S. 148*).
10. „[…] achten Sie darauf, dass die Kontextinformation nicht flüssig verarbeitet wird" (*Felser, 2015, S. 149*).
11. „[…] achten Sie darauf, dass ihr Publikum in einer neutralen, vielleicht sogar negativen Stimmung ist" (*Felser, 2015, S. 149*).

4.5.3 Priming und Kontexteffekte in der Werbung

Einen interessanten Ansatz zur Anwendung von Priming-Effekten gab Yi (1990). Hintergrund des Ansatzes ist die Mehrdeutigkeit von Aussagen im Allgemeinen. Wird ein Koffer mit geringem Gewicht beworben, kann man daraus entnehmen, dass es leicht ist ihn zu transportieren. Auf der anderen Seite kann man daraus aber auch ableiten, dass der Koffer vermutlich relativ schnell kaputt gehen kann. Diese differenzierten Urteile stellen keinen Widerspruch dar. Welche Schlüsse ein Konsument zieht, ist unter anderem an die Verfügbarkeit der dazugehörigen Informationen gekoppelt. Abhängig davon, welche Information zum Urteilszeitpunkt gerade aktiviert werden, kann der vorteilhafte- oder der unvorteilhafte Schluss gezogen werden (*vgl. Felser, 2015, S. 150f.*).

Der Ort, an dem für ein Produkt geworben wird, stellt einen wichtigen Einflussfaktor dar. Ebenso der Kontext in dem die Werbebotschaft gestellt wird. Die Anzeige vor bzw. nach der eigentlichen Anzeige, können mit dem Produkt in Verbindung stehende positive oder negative Informationen aktivieren. Wird die Information durch eine andere Anzeige aktiviert, wirkt sie außerdem subtiler und indirekter. Deswegen ist sie weniger anfällig für unvorteilhafte kognitive Reaktionen (*vgl. Yi, 1990, S. 200*).

Die bisher vorgestellten Priming-Effekte beziehen sich auf Urteile und Bewertungen. Effektiver wird der Priming-Effekt, wenn man auf die Bedürfnisse, Ziele und Motive von Konsumenten eingeht. Ziele und Bedürfnisse können durch Priming nicht erschaffen werden, aber die Hierarchie der vorhandenen Ziele kann zugunsten des beworbenen Produktes verändert werden (*vgl. Bargh, 2002, S. 280ff.*). Durstige Probanden konnten so in einem Experiment von Winkielman et al. (2005), durch die Präsentation von fröhlichen und ärgerlichen Gesichtern, dazu bewegt werden, einen Saft mithilfe des Priming positiver- oder negativer zu bewerten.

Einen anderen wichtigen Einfluss auf die Produktwahrnehmung stellt dessen Herkunft dar. Dies geht unter anderem auf Erwartungen, Vorurteile, Schemata oder Ländersterreotypen mit einem Produkt einher (*vgl. Felser, 2015, S. 152f.*).

Auf der Grundlage des Ankereffektes (siehe Kapitel 2.7.3) zeigt es sich, dass ein Kunde bereit ist, nach dem Kauf eines teuren Produkts, mehr Geld für weitere günstigere Konsumhandlungen auszugeben. Möchte ein Kunde einen Anzug und einen Pullover kaufen, sollte der Verkäufer ihm zuerst den teuren Anzug und dann den günstigeren Pullover verkaufen (*vgl. Cialdini, 1993, S. 13*). Abgesehen vom Ankereffekt lassen sich Kontrasteffekte auch durch irrelevante Informationen hervorrufen.

Eine etwas neuere Erscheinung in der Werbung, die Kontexteffekte nutzt, sind Produktvorschläge. Nach dem Motto: „Kunden, die diesen Artikel gekauft haben, kauften auch …" versucht beispielsweise Amazon die Konsensheuristik zu nutzen. Wenn andere Kunden in derselben Kategorie dieses- oder jenes Produkt gekauft haben, werden sie ihre Gründe gehabt haben. Dementsprechend ist das Produkt auch für diesen Kunden interessant (vgl. Felser, 2015, S. 150).

4.6 Die Konsistenztheorie

Die Konsistenztheorie baut darauf auf, dass Menschen Widersprüche unterschiedlicher Kognitionen vermeiden wollen. Sie streben danach Ihre Gedanken, Meinungen, Erinnerungen und Handlungen konsistent zu gestalten. Aus diesem Grund stört es Menschen in der Regel, wenn sie etwas versprechen oder ankündigen und dies dann nicht einhalten (vgl. Felser, 2015, S. 224f.).

Aus diesem Phänomen lässt sich eine Verkaufsstrategie ableiten. Zu bestimmten Anlässen, wie Weihnachten, wird ein Produkt stark beworben, das dann aber nur schwer erhältlich ist. Haben Eltern beispielsweise ihrem Kind versprochen ein bestimmtes Spielzeug zu kaufen, das dann nicht erworben werden kann, werden Ersatzkäufe getätigt. Nach dem Anlass wird das Produkt wieder angeboten. Die Eltern haben nun das Gefühl, bei ihrem Kind in der Schuld zu stehen und kaufen ihnen das vorher angekündigte Spielzeug auch nach Weihnachten. Nach Cialdini wird diese Strategie vor allem von der Spielwarenindustrie regelmäßig bewusst eingesetzt.

Aronson (1992) weist die Wirkung der Konsistenztheorie in zahlreichen Studien nach. College-Studentinnen wurden aufgefordert, einen öffentlichen Aufruf zum Wassersparen zu unterschreiben. Nach einer Sportveranstaltung wurden dann der Wasserverbrauch und die Duschzeit dieser Studentinnen beim Duschen aufgezeichnet. Sowohl der Wasserverbrauch, als auch die Duschzeit waren wesentlich geringer, als bei Studentinnen, die den Aufruf zum Wassersparen nicht unterschrieben hatten.

Etwas Geschriebenes schafft dabei eine engere Bindung, als etwas, das nur gesagt wurde. Wenn ein Verkäufer bei Haustürgeschäften den Kunden selbst die Bestellung ausfüllen lässt, verringert er dadurch die Wahrscheinlichkeit eines Widerrufes (vgl. Aronson, 1992, S. 303ff.).

4.6.1 Theorie der affektiv-kognitiven Konsistenz nach Rosenberg

Bei dem Modell der affektiven-kognitiven Konsistenz nach Rosenberg (1960), werden Interdependenzen zwischen unterschiedlichen Komponenten einer Einstellung aufgezeigt.

Nach dieser Theorie hat eine Einstellung zu einem Objekt stets eine kognitive und eine affektive Komponente. Die affektive Komponente sagt aus, ob ein Einstellungsobjekt für positiv oder für negativ befunden wird. Die kognitive Komponente wird durch die Überzeugungen einer Person darüber, in welchem Umfang die Einstellung wertbehaftete Ziele fördert oder behindert, bestimmt.

Die Theorie geht davon aus, dass eine Veränderung der affektiven Komponenten eine Veränderung der kognitiven Struktur mit sich zieht, um das Gleichgewicht beider wiederherzustellen. Am Beispiel Zahnhygiene, ist die affektive Komponente die Einstellung gegenüber einer Zahncreme, auf kognitiver Ebene geht es hingegen um Ansichten zu Mundgeruch, gepflegten Zähnen, Karies etc. (*vgl. Rosenberg, 1960, S. 15ff.*).

Aus dem Modell lassen sich drei Hypothesen ableiten (*vgl. Boss, 1976, S. 42f.*):

1. Sind die affektive- und die kognitive Dimension einer Einstellung konsistent, ist die Einstellung stabil.
2. Sind die beiden Dimensionen inkonsistent und übersteigen die Toleranzgrenze eines Individuums, ist die Einstellung unbeständig.
3. In einem solchen Fall versucht die Person die Inkonsistenz zu beseitigen. Dazu stehen ihr drei Möglichkeiten offen:
   a. Der Stimulus, der die Inkonsistenz hervorruft, wird zurückgewiesen. Die alte Konsistenz wird wieder hergestellt.
   b. Die inkonsistente Einstellungskomponente wird isoliert und die Beziehungen im Einstellungssystem werden neu angeordnet.
   c. Der Stimulus, der die Inkonsistenz hervorruft, wird akzeptiert, indem die ursprüngliche Einstellung geändert wird, um eine neue Einstellung zu bilden.

Die dritte Hypothese bietet mit ihren drei Handlungsmöglichkeiten gute Ansatzpunkte für die Werbung (*vgl. Boss, 1976, S. 43f.*):

Die Bewertung der Kognition des Objektes kann verändert werden. Im Beispiel kann dies durch das Hinweisen auf Nachteile von Zahnerkrankungen passieren.

Die Beziehung zwischen Einstellungsobjekt und Elementen in der kognitiven Struktur kann hergestellt werden. Im Beispiel kann das Produkt, die Zahncreme, mit dem Merkmal „unangenehmer Mundgeruch", verbunden werden.

Die Toleranzgrenze kann durch die Beeinflussung der Stärke der Beziehung zwischen Objekt und seinen kognitiven Elementen herabgesetzt werden. Dies kann im Beispiel durch die Wirksamkeit des Zahnpflegemittels gegen Mundgeruch und Zahnerkrankungen geschehen.

Die Ansprache der affektiven Komponente, also eine direkte Beeinflussung der Einstellung zum Objekt ist ebenfalls möglich. Dies könnte im Beispiel durch den Slogan: „Unsere Zahncreme ist bestens" erfolgen.

4.6.2 Die Theorie der kognitiven Dissonanz nach Festinger

Wie bei anderen Konsistenztheorien stehen Kognitionen im Zentrum der Theorie kognitiver Dissonanz nach Festinger. Die Theorie nimmt an, dass Menschen ein Gleichgewicht ihres kognitiven Systems anstreben (*vgl. Stöger et al., 2007, S. 263*). Festinger unterscheidet bei seiner Theorie in relevante kognitive Beziehungen, Beziehungen die voneinander abhängig sind, und irrelevante kognitive Beziehungen, also Beziehungen, die voneinander unabhängig sind. Relevante kognitive Beziehungen teilt er weiter in konsonante und dissonante Beziehungen ein. Treten gleichzeitig zwei relevante Kognitionen auf, die unvereinbar sind, spricht man von dissonanter Kognition.
Nach Festinger kann Dissonanz in vier unterschiedlichen Situationen auftreten (*vgl. Stöger et al., 2007, S. 263f.*):

1. Nach Entscheidungen, da die Wahl einer Alternative stets andere Alternativen ausschließt.
2. Wenn ein Individuum gezwungen ist, einstellungsdiskrepantes Verhalten zu zeigen.
3. Wenn ein Individuum mit externen Informationen versorgt wird, die den eigenen Einstellungen, Werten oder Meinungen widersprechen.
4. Bei ausbleibender Unterstützung innerhalb der sozialen Gruppe oder Meinungsverschiedenheiten.

Diese vier Situationen können stets während- oder nach dem Kaufprozess eintreten und so eine kognitive Dissonanz auslösen. Daraus entsteht eine, als unangenehm empfundene psychische Spannung, die das Individuum versucht abzubauen. Um das zu erreichen, kann das Individuum entweder neue konsonante Kognitionen hinzufügen oder dissonante Kognitionen eliminieren. Die Eliminierung dissonanter Kognitionen kann durch ignorieren, vergessen, verdrängen oder uminterpretieren der als störend empfundenen Elemente geschehen.

Eine besondere Bedeutung hat die Theorie kognitiver Dissonanz im Marketing im Nachkaufbereich, da die Dissonanz in der Regel nach dem eigentlichen Kauf auftritt.

Um den Effekt der kognitiven Dissonanz zu reduzieren ist es wichtig, den Kunden in seiner gewählten Alternative positiv zu bestärken, ihm zusätzliche konsonante Informationen zur Verfügung zu stellen oder bei relevanten Dritten eine Bestätigung der Richtigkeit des Kaufes einzuholen.

4.7   Die Reaktanztheorie – Aufwertung durch Unzugänglichkeit

Mit etwas Seltenem oder Verbotenen einen Reiz zu schaffen, bildet den Kern der Reaktanztheorie. Reaktanz ist eine „motivationale Erregung mit dem Ziel, eine bedrohte, abnehmende oder gänzlich eliminierte Freiheit wiederherzustellen" (*Gniech und Dickenberger, 1997, S. 259ff.*).

Die Reaktanz tritt hervor, wenn eine Freiheit in Gefahr oder schon verloren ist. Es findet dann eine Aufwertung der bedrohten- oder verlorenen Alternative statt (*vgl. Felser, 2015, S. 235*).

Ein gutes Beispiel zum Verständnis dieser Theorie findet sich in Mark Twains Buch Tom Sawyer: Als Strafe soll Tom einen Zaun streichen, wozu dieser eigentlich wenig Lust hat. Nachdem er sich an die Arbeit gemacht hat, taucht Ben, ein Freund von Tom auf. Diesem macht Tom glaubhaft, dass das Streichen keine Arbeit ist, sondern Spaß macht und eine seltene Gelegenheit darstellt. Daraufhin möchte Ben gerne beim Streichen helfen, was Tom ihm aber nicht gestattet. Er behauptet sogar einigen Freunden, die angeblich vor Ben da waren, ebenfalls das Streichen verboten zu haben. Der Wunsch zu streichen ist in Ben an dieser Stelle so stark, dass er Tom zusätzlich noch einen Apfel anbietet. So findet sich Tom Sawyer am Ende der Geschichte in einer Situation wieder, in der die Arbeit für ihn erledigt wird und er zusätzlich noch eine Bezahlung in Form von Gegenständen bekommt (*vgl. Twain, 1960, S. 32f.*).

Die Reaktanz stellt sich als unangenehmer Spannungszustand dar, der überwunden werden soll. Die Spannung tritt dabei in verschiedenen Ebenen auf.

Emotional kann Verärgerung oder Wut auftreten, meist gegen die Ursache der Freiheitseinschränkung. Im Beispiel, Tom.

Kognitiv ändert sich oft die Einstellung gegenüber einer Sache. Die verlorene Alternative wird positiver, die Ursache der Freiheitseinschränkung wird negativer bewertet. Im Beispiel: das Streichen wird positiver, Tom wird negativer bewertet.

Das Verhalten ändert sich häufig in Richtung des Verbots, nach dem Motto: „Jetzt erst Recht". Im Beispiel: Ben will unbedingt streichen (*vgl. Schimansky, 1999, S. 126*).

Eine Voraussetzung für das Wirken der Reaktanz ist, dass die Freiheit auch erwartet werden kann. Wird eine Villa in Los Angeles teurer, liegt eine Freiheitseinschränkung vor, diese Villa zu kaufen. Eine Person, die ohnehin nicht über das Kapital verfügt sich eine Villa zu kaufen, wird sich an dieser Freiheitseinschränkung allerdings wenig stören (*vgl. Felser, 2015, S. 235f.*).

4.7.1 Reaktanz und Beeinflussung

Ist ein Beeinflussungsversuch offensichtlich, kann der Bumerang-Effekt auftreten. Wenn eine Person eine andere Person offensichtlich von etwas überzeugen möchte, kann dieser Versuch als Freiheitseinschränkung interpretiert werden. Um die Freiheit wieder herzustellen, wird dann häufig gerade das nicht gemacht, zu dem die Person überredet werden sollte (*vgl. Felser, 2015, S. 235*).

Da Werbung Grundsätzlich auf eine Einengung von Verhaltens- und Entscheidungs-spielräume abzielt, könnte man annehmen, das Werbung stets einen Bumerang-Effekt hervorruft. Dass dies nicht der Fall ist, liegt daran, dass Werbung häufig nicht als offensichtlich störend empfunden wird. Unter anderem, weil Werbung häufig unterhaltsam, ästhetisch, ansprechend und sympathisch kommuniziert wird. Mithilfe einer guten Werbegestaltung können negative Reaktanz-Effekte, im Sinne des Bumerang-Effektes, neutralisiert werden (*vgl. Clee und Wicklund, 1980, S. 398*).

Darüber hinaus begegnen Menschen Werbung meist unaufmerksam, also mit geringem Involvement. Bei geringem Involvement behindert das Wissen um die Absicht der Beeinflussung kaum die beeinflussende Wirkung (*vgl. Petty und Cacioppo, 1979, S. 173f.*). Dennoch ist es möglich negative Reaktanz gegenüber der eigenen Werbebotschaft zu erzeugen (*vgl. Felser, 2015, S. 238*).

Um dies zu vermeiden, gelten folgende Empfehlungen bei der Werbegestaltung (*vgl. Kroeber-Riel und Meyer-Hentschel, 1982, S. 107ff.*):

1. „Vermeidung unnötiger Hinweise auf Entscheidungsfreiheit."
2. „Vermeide den Eindruck, Entscheidungsfreiheiten seien wichtig."
3. „Vermeide den Eindruck, Entscheidungsfreiheiten werden eingeengt."

Um den dritten Punkt zu erfüllen, empfiehlt es sich, Werbeaussagen gut zu begründen und glaubhaft zu gestalten. Um die Glaubhaftigkeit zu erhöhen, kann man beispielsweise Anzeigenwerbung im redaktionellen Stil des Werbeträgers gestalten. Eine Werbung, die in allen Punkten einem seriösen Bericht entspricht, ist allerdings nicht statthaft (*vgl. Kroeber-Riel und Meyer-Hentschel, 1982, S. 113*). Wird Reaktanz bewusst als Werbe- und Verkaufsmittel eingesetzt, muss damit gerechnet werden, dass ein Teil der Rezipienten nach dem Bumerang-Effekt, also Ablehnend, auf die Anzeige reagiert.

4.7.2 Einschränkung als Werbe- und Verkaufsmittel

Da ein Produkt eine Aufwertung erfährt wenn es selten ist, kann die Werbung Reaktanz auch bewusst als Instrument einsetzen (*vgl. Felser, 2015, S. 239*).
Ein historisches Beispiel dazu lieferte die russische Zarin, Katharina die Große. Sie ließ Zäune um Kartoffelfelder bauen und stellte Schilder auf, die vor Kartoffeldiebstahl warnten. Dadurch wurde Reaktanz bewusst erzeugt, um Kartoffeln attraktiver erscheinen zu lassen (*vgl. Pratkanis und Aronson, 1992, S. 188*).

Limitierung und geringe Verfügbarkeit
Ein Produkt in limitierter Stückzahl spricht die Reaktanz an. Dies kann erreicht werden, indem ein Unternehmen bekanntgibt, ein Produkt vom Markt zu nehmen. Die Freiheit dieses Produkt zu erwerben wird dadurch bedroht. Für den Konsumenten kann dieser Zustand nur dadurch überwunden werden, die verbleibende Zeit zu nutzen, das Produkt noch schnellstmöglich zu kaufen, solange es verfügbar ist. Angewandt wurde diese Strategie von McDonalds in den neunziger Jahren, mit der Ankündigung den Big Mac vom Markt zu nehmen. Auch Handy-Verträge werden häufig in Aktionswochen, also zeitlich befristet, angeboten. Wird ein Produkt in limitierter Auflage herausgebracht, wird stets Reaktanz angesprochen. Da der Wert einer Sache objektiv unter anderem von seiner Verbreitung und Verfügbarkeit abhängt, wird durch die Unzugänglichkeit die Attraktivität eines Produktes gesteigert. Anzumerken ist an dieser Stelle, dass es in Deutschland verboten ist, Produkte als verkauft zu kennzeichnen, die in Wirklichkeit noch nicht verkauft sind (*vgl. Felser, 2015, S. 240f.*).

Exklusivität
Eine andere Möglichkeit mithilfe der Reaktanztheorie ein Produkt attraktiver erscheinen zu lassen, ist Exklusivität. Hier wird die Reaktanz etwas subtiler angesprochen. Dies kann durch die bewusste Einschränkung des Kundenkreises, nach dem Motto: „Nur für ausgewählte Mitglieder", geschehen. Anwendung findet diese Strategie in den folgenden drei Beispielen:

1. Die hochexklusive Uhr: „Franklin Mint Golden Falcon Watch", wurde mit der Abbildung eines jungen Mannes im Smoking und dem Werbetext: „Some men have it. Most never will", beworben (*vgl. Cialdini, 1993, S. 198*).

2. Der Fürst von Metternich Sekt wurde beworben mit dem Werbetext: „für die wenigen, die mehr verlangen" (*vgl. Kroeber-Riel und Meyer Hentschel, 1982, S. 148*).

3. Die Whiskymarke Dimple rechtfertig ihre hohen Preise mit dem Werbetext: „Teuer finden ihn nur die, die ihn noch nie getrunken haben" (*vgl. Kroeber-Riel und Meyer Hentschel, 1982, S. 148*).

Verbot und Zensur

Eine extreme Form der Anwendung der Reaktanztheorie findet sich in Verboten wieder. Diese meist ironischen und parodistischen Verbote sind in der Praxis eher selten. Ein Beispiel stellt die Werbekampagne des Radiosenders „Jump" im Jahr 2000 dar.

Auf Plakaten warnte die fiktive „Initiative für Radioüberwachung" mit Sprüchen wie:

1. „Wird Radio Jump FM zu laut gehört?"
2. „Was hat Radio Jump FM im Radio zu suchen?"
3. „Hat Radio Jump FM eine Sendeerlaubnis?"
4. „Darf ein deutscher Radiosender Jump FM heißen?"

Die Kampagne sorgte neben einem Anstieg der Einschaltquote um 140 Prozent für reichlich Aufmerksamkeit. Man könnte diese Form der Werbung eher als „Anti-Werbung" bezeichnen, da das beworbene Produkt auf parodistische Weise negativ dargestellt wird, um es attraktiv wirken zu lassen. Auch Informationen, die den Menschen vorenthalten werden, sind besonders begehrt, da Reaktanz ihren Wert erhöht (*vgl. Felser, 2015, S. 241*).

4.8   Eine zusammenfassende Methodenmatrix

Abbildung 4-2 fasst in einer Methodenmatrix die Zusammenhänge der kognitions-psychologischen Methoden und ihre Auswirkungen auf einen Rezipienten zusammen, wie sie in den einzelnen Unterkapiteln beschreiben wurden. Obwohl die kogni-tionspsychologischen Methoden sehr verschiedene Ursachen und Abläufe haben, so ist ihre Wirkung häufig eine ähnliche.

Wie im vorigen Kapitel bereits erwähnt wurde, ist es sinnvoll, ausgehend vom Involvement, entweder affektive- oder kognitive Kaufgründe zu fokussieren. Neben diesen beiden Bausteinen gibt es zahlreiche weitere unterstützende Rahmenbedin-gungen, die die Wirkung der jeweiligen Methoden verstärken. Dazu zählt beispiels-weise, dass der Beeinflussungsversuch nicht durchschaut wird, der Rezipient für die Werbebotschaft empfänglich ist, bereits ein Motiv vorliegt und die zugrundeliegende

Einstellung positiv ist. Durch häufiges Darstellen der Kaufgründe können die verschiedenen Methoden Anwendung finden. Durch den Mere-Exposure-Effekt, das Priming und Heuristiken wird in erster Linie die Verarbeitungsflüssigkeit erhöht, die in einer Verbesserung der Einstellung zum Kaufobjekt mündet. Der Einsatz von Emotionen, Reaktanzen und Kontexteffekten führt ebenfalls zu einer Verbesserung der Einstellung.

Dadurch können Bedürfnisse geweckt werden bzw. Kundenziele zugunsten des Produkts verschoben werden.

Da keine Bedürfnisse erschaffen werden können und die Wirkung der Methoden unter anderem stark von den jeweiligen subjektiven Eigenschaften, der Lebensgeschichte und Erfahrungen des Rezipienten abhängt, ist eine Beeinflussung der Konsumenten nur eingeschränkt möglich. Der Mensch kann nicht wie eine Marionette gesteuert werden.

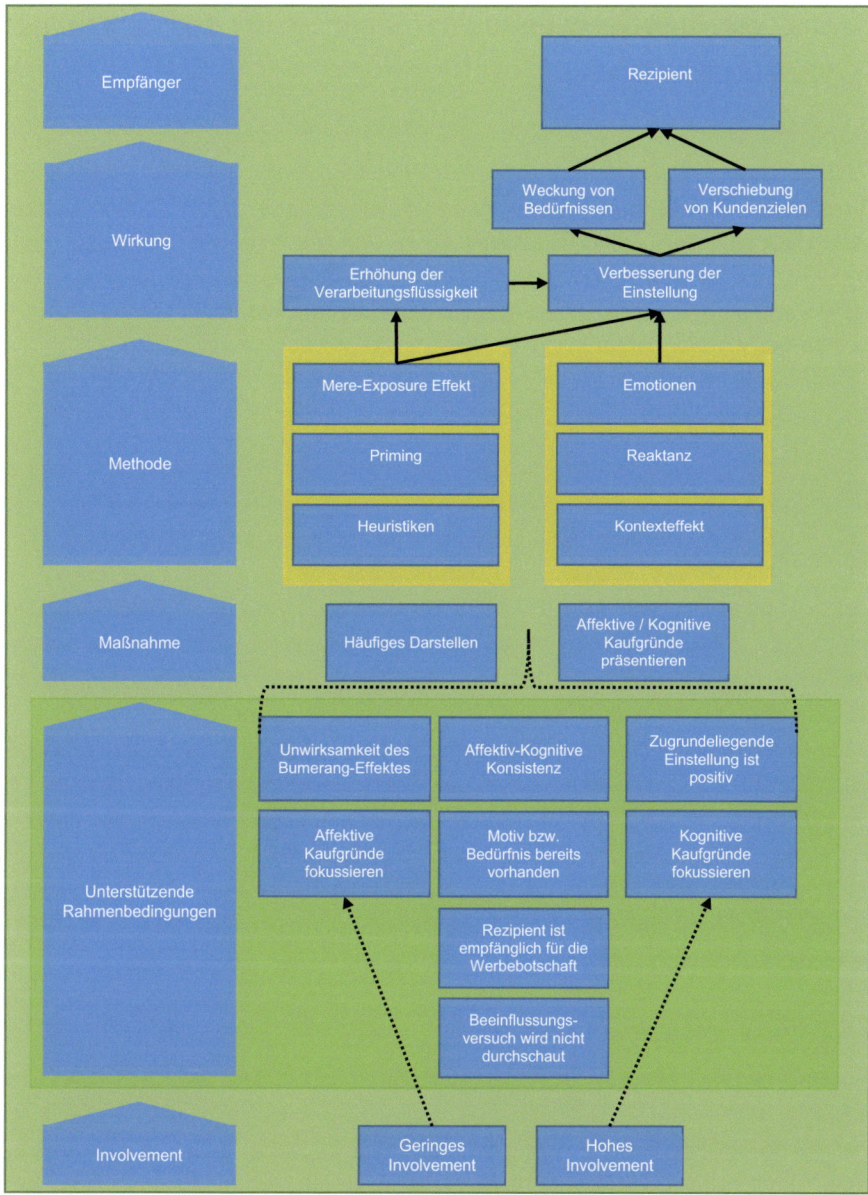

Abbildung 4-2: Zusammenfassende Methodenmatrix (Eigene Darstellung)

5 Der verantwortungsbewusste Umgang mit Elementen der Wirtschaftswerbung

5.1 Eine Erläuterung der Ethik

Ethik ist abgeleitet aus dem griechischen Wort Ethos, das Übersetzt Gewohnheit, Brauch oder Sitte bedeutet (*vgl. Wahrig-Burfeind, 2000, S. 262f.*). Die philosophische Ethik kann als wissenschaftliche Lehre von der Sitte, der Moral und dem Richtigen, im Sinne von rechtem Handeln, verstanden werden. Sie fragt nach der Legitimierbarkeit normativer Vorstellungen und stellt aus ihrer Sicht handlungsleitende Prinzipien auf (*vgl. Rath, 2000, S. 65f.*).

5.1.1 Ethik und Wettbewerb

Ein ethischer Handlungsrahmen schränkt das Handeln von Werbetreibenden ein und verursacht so einen relativen Wettbewerbsnachteil gegenüber der Konkurrenz. Die Reibungspunkte zwischen Ethik und Wirtschaftlichkeit sind im Wettbewerb kein neues Phänomen (*vgl. Homann und Lütge, 2005, S. 25*).

Dabei ist es wichtig, bei einer ethischen Betrachtung, nicht nur die Beziehung zwischen dem Unternehmen und seinen Kunden zu betrachten, sondern auch andere Interessensgruppen, wie den Staat, die Gesellschaft, Partner, Konkurrenten, etc. in die Überlegungen mit einzubeziehen.

Dadurch, dass sich nicht alle Wettbewerber ethisch gleich Verhalten, können relative Nachteile für ein Unternehmen entstehen. Menschen tendieren dazu, Situationen eigennützig auszulegen. Selbst ethisch motivierte Menschen unterliegen diesem Phänomen. Wenn zwischen eigennützigen Interessen und ethisch richtigem Verhalten entschieden wird, werden die eigenen Ziele oft automatisch stärker gewichtet. Aus diesem Grund liegt ethisch richtiges Verhalten häufig außerhalb des Bewusstseins des Entscheidungsträgers (*vgl. Bazerman und Chugh, 2006, S. 14*).

5.1.2 Formen der Ethik

Ob ein Verhalten ethisch Richtig ist, lässt sich nach unterschiedlichen ethischen Ansätzen bemessen.

Der deontologische Ansatz, dem Immanuel Kant angehört, geht von der Absicht einer Handlung aus. Richtigkeit bemisst sich nach diesem Ansatz am Wesen der ursprünglichen Gesinnung einer Handlung. Dieser Ansatz unterstützt die Theorie, dass moralisches Handeln nur aus Pflichtbewusstsein und ohne Eigeninteresse erfolgen kann.

Der teleologische Ansatz, dem der Utilitarismus angehört, geht hingegen von der Wirkung einer Handlung aus. Bei diesem Ansatz bemisst sich die Richtigkeit einer Handlung an den Konsequenzen derselben (*vgl. Sorell und Hendry, 1998, S. 34ff.*).

Ein Gegenmodell zu den beiden handlungsorientierten ethischen Positionen ist die Tugendethik. Die Tugendethik bewertet nicht einzelne Handlungen von Personen, sie stellt die Frage, was einen ethisch guten Menschen ausmacht. Nicht die Handlung, sondern der Handelnde steht im Mittelpunkt. Tugendhaft ist, wer die relevanten Tugenden, wie beispielsweise Klugheit, Gerechtigkeit, Tapferkeit, Mäßigung, Glaube, Liebe und Hoffnung, ausgeprägt hat und auf dieser Basis Entscheidungen für sein Handeln trifft.

In diesem Buch soll der utilitaristische Ansatz als Bewertungsmaß verwendet werden. Der grundlegende Gedanke im Utilitarismus ist, dass der Zweck des menschlichen Handelns der Nutzen des Einzelnen und der Gesellschaft sein soll. Verluste einer Partei lassen sich dabei mit Gewinnen einer anderen Partei ausgleichen (*vgl. Friske et al., 2005, S. 14ff.*).

5.2 Eine ethische Betrachtung der Beeinflussung

Da eines der Kernthemen dieses Buches die Beeinflussung von Konsumentenentscheidungen ist, soll die Thematik der Beeinflussung in diesem Abschnitt ethisch betrachtet werden. Dazu sollen die eben vorgestellten Formen der Ethik mit der Werbung und ihren Ausprägungen in Beziehung gesetzt werden.

5.2.1 Die Uneinigkeit über die Beeinflussung in der Ethik

Betrachtet man die Beeinflussung durch Elemente der Wirtschaftswerbung unter dem Gesichtspunkt des Utilitarismus, einer Form des teleologischen Ansatzes, stellt man fest, dass in den meisten Fällen ein ethisch richtiges Verhalten gegeben ist. Nach dem Utilitarismus werden Handlungen danach bewertet, ob sie verglichen mit anderen Handlungsalternativen die größte Nutzensumme hervorbringt. Die moralische Forderung an die Akteure ist, dass sie so handeln, dass der Zustand nach ihren Handlungen besser ist, als derjenige nach jeder anderen Handlungsoption. Aufgrund der hohen Anzahl an Akteuren und der verschiedenen Wechselwirkungen, die mit Konsumhandlungen einhergehen, ist es schwierig alle Handlungsalternativen und die daraus resultierenden Folgen abzuwägen. Grundsätzlich können Verluste der Kunden, die durch Beeinflussung entstanden sind, mit Gewinnen der werbetreibenden Unternehmen ausgeglichen werden. Gesamtheitlich betrachtet ist ein solcher Fall wertneutral. Macht die Werbung Konsumenten auf für sie dienliche Produkte aufmerksam, entsteht durch die Bereitstellung dieser Information ein Zusatznutzen, wenn der Konsument das Produkt auch tatsächlich erwirbt. Außerdem werden durch den Kauf von Produkten Unternehmensumsätze erwirtschaftet, durch die Arbeitsplätze sichergestellt werden.

Obwohl Werbung dieser ersten utilitaristischen Prüfung standhält, besteht in der Philosophie Uneinigkeit, ob Werbung und ihre persuasiven Kommunikationsmittel tatsächlich ethisch vertretbar sind. Zwei bekannte philosophische Kritiker sind Plato und Kant. Plato sieht in der Nutzung persuasiver Kommunikation eine Beleidigung, da durch sie die Wahrheit verzerrt wird, die die einzige Wirklichkeit im Leben darstellt. Kant, als Vertreter des deontologischen Ansatzes, nimmt an, dass durch den Einsatz persuasiver Kommunikation ein Rezipient von dessen Zweck, hin zum Mittel herabgestuft wird.

Andere Philosophen und Ausprägungen, wie der Existenzialismus, stützen sich auf die Freiheit des Rezipienten Botschaften anzunehmen oder abzulehnen. Dieser Ansatz beruht auf der Tatsache, dass eine Einstellung oder ein Verhalten nicht von einer Botschaft direkt ausgelöst wird, sondern von der Entscheidung des Rezipienten abhängt. Etwas komplizierter wird dieser Sachverhalt, wenn die Botschaft unterschwellige Formen der Beeinflussung enthält. Auf diesen Sonderfall wird in Kapitel 5.2.3 näher eingegangen.

Aus der Anwendung des tugendethischen Ansatzes in Aristoteles Nikomachischer Ethik wird der Beeinflussung ebenfalls etwas mehr Freiheit eingeräumt. Persuasion kann sowohl von guten, als auch von schlechten Menschen für entsprechend gute, als auch schlechte Mittel eingesetzt werden (*vgl. Perloff, 2010, S. 34ff.*). Gesundheitssprecher, die das Mittel der Persuasion einsetzen, um Drogenprävention zu erreichen oder Aktivisten, die auf Minderheiten und Rassismus aufmerksam machen, sind Beispiele für den positiven Einsatz (*vgl. Perloff, 2010, S. 4*). Da die Wirtschaftswerbung in der Praxis selten Ziele verfolgt, die nach der Auffassung von Aristoteles als tugendhaft eingestuft werden dürften, ist das Verhalten von Werbetreibenden hier kritisch zu sehen.

Ähnlich verhält es sich nach dem deontologischen Ansatz, da der Konsument häufig als Mittel zur Erreichung der Unternehmensziele degradiert wird und hier ebenfalls die ursprüngliche Gesinnung der Werbehandlung nicht als ethisch einwandfrei einzustufen ist.

5.2.2 Manipulation als unethische Form der Beeinflussung

Nach dem deutschen Philosoph Jürgen Habermaß erfüllt eine Botschaft dann ethische Standards, wenn sie wahr und richtig ist (*vgl. Kreikebaum, 1996, S. 83*). Im Umkehrschluss sind Wahrheitsverzerrungen wie Lügen und gezielte Täuschungen unethisch. Diese Eigenschaften treffen bei Formen der Manipulation zu. Hier versucht der Informationssender absichtlich mit seiner Botschaft über seine wahren

Absichten hinwegzutäuschen. Er versucht seine Ziele mit versteckten und beeinflussenden Elementen in seiner Botschaft durchzusetzen (*vgl. Perloff, 2010, S. 24*).

Nach Bohrmann versteht man unter Manipulation die gezielte und subtile Beeinflussung menschlichen Denkens und Handelns mithilfe psychologischer- und soziologischer Methoden, während der Empfänger die Verhaltenssteuerung nicht bewusst durchschaut (*vgl. Bohrmann, 1997, S. 50*). Sobald die Werbung undurchschaubare Werbetechniken verwendet, ist sie dementsprechend manipulativ.

Um den Manipulationsbegriff noch näher abzugrenzen, bietet Rosenstiel folgenden Kriterienkatalog an (*vgl. Rosenstiel und Neumann, 1982, S. 34f.*):

1. Der Beeinflussende übt den Einfluss um des eigenen Vorteils wegen und bewusst aus.
2. Der Beeinflussende übt den Einfluss ohne Rücksicht auf Vorteile des Beeinflussten aus.
3. Der Beeinflussende bedient sich absichtlich solcher Techniken, die nicht oder nur schwer vom Beeinflussten durchschaut werden können.
4. Die Beeinflussungstechnik determiniert das Verhalten des Beeinflussten, der das Gefühl hat, über sein Urteil oder seine Handlung frei entschieden zu haben.

Nur wenn alle vier Kriterien kumulativ erfüllt sind, ist eine Botschaft manipulativ. Ist nur ein Teil der Kriterien erfüllt, spricht man von Beeinflussung.

Ausgehend von diesen Kriterien, lassen sich drei Formen der Manipulation in der Werbung identifizieren:

subliminale Werbung
Unter subliminaler Werbung versteht man Werbetechniken, die eine Reizdarbietung unterhalb der Reizschwelle darstellen (siehe Kapitel 2.6.1). Der Rezipient kann sie also nicht bewusst wahrnehmen. Ähnlich verhält es sich beim gezielten Einsatz von Emotionen in der Werbegestaltung. Dabei soll der Rezipienten über seine eigene Gefühlslage hinweggetäuscht werden, um ein Produkt attraktiver erscheinen zu lassen (*vgl. Aronoff et al., 1988, S. 647ff.*).

verfälschte Werbung
Enthält eine Werbebotschaft Informationen, die falsch oder irreführend sind, spricht man von verfälschter Werbung.

getarnte Werbung

Eine getarnte Werbung ist eine Werbemaßnahme, die nicht offensichtlich als solche gekennzeichnet ist. Als Beispiele können das Product Placement (Schleichwerbung) oder redaktionell gestaltete Werbeanzeigen genannt werden (*vgl. Bohrmann, 1997, S. 50ff.*).

Auch wenn nicht alle Werbebotschaften diese wahrheitsverzerrenden Elemente enthalten, sollte doch klar sein, dass zahlreiche Ausprägungen der Wirtschaftswerbung durchaus einen manipulativen Charakter besitzen.

5.2.3 Ethische Fragen im Umgang mit unterschwelliger Beeinflussung

Da erwachsene Menschen in der Regel Medienkompetenz besitzen, sind ihnen die Absichten der Werbung klar. Ein Produkt soll attraktiver erscheinen und zum Kauf anregen. Insofern ist Werbung ethisch anders zu bewerten, als eine Gehirnwäsche oder eine gezielte Manipulation, solange die Grenzen dergleichen nicht überschritten werden. Zwar durchschaut ein Konsument die Beeinflussungstechniken nicht unbedingt, er ist sich aber sehr wohl bewusst, dass er versucht wird beeinflusst zu werden und ihm sind die Ziele der Beeinflussung klar (*vgl. Felser, 2007a, S. 237*).

Aufgrund dessen, dass unterschwellige Beeinflussung ein Prozess ist, dem man sich weder entziehen noch erwehren kann, alleine schon aufgrund der Tatsache, dass man ihn nicht wahrnimmt, wird die Frage nach der Ethik aufgeworfen. Zahlreiche der in diesem Buch vorgestellten Beeinflussungsmechanismen laufen automatisch ohne bewusste Kontrolle ab. Dazu zählen unter anderem Effekte des impliziten Erinnerns wie der Mere-Exposure-Effekt, der Einsatz von Emotionen in der Werbung, Priming und Kontexteffekte, sowie die Auswirkungen von Dissonanz- und Reaktanztheorien.

Bei diesen Beeinflussungsversuchen, die auf der Unaufmerksamkeit der Rezipienten aufbauen, treffen alle vier im vorigen Unterkapitel genannten Kriterien der Manipulation zu. Sie sind der subliminalen Werbung zuzurechnen und besitzen ein bestimmtes Niveau an Manipulation, je nachdem, wie umfassend die Kriterien erfüllt sind.
Je nach Manipulationsniveau ist der Rezipient seinen Automatismen ausgeliefert und kann die Werbebotschaft nicht bewusst kognitiv verarbeiten. Der Grund dafür ist streng genommen ein fehlender Empfänger der Werbebotschaft, der die Meinungsäußerung der Werbetreibenden versteht. Insbesondere bei Kindern, denen im Gegensatz zu Erwachsenen häufig nicht klar ist, dass sie sich durch Werbekonsum einem Beeinflussungsversuch aussetzen.

Die Nachricht kann nicht bewusst wahrgenommen und verarbeitet werden. Aus diesem Grund kann die Werbebotschaft nicht mehr als freie Meinungsäußerung bezeichnet werden und wird auch nicht durch das Recht auf freie Meinungsäußerung geschützt.

Man kann die Wirkung solcher Mechanismen mindern, indem man seine Aufmerksamkeit auf diese richtet. Insofern sind unkontrollierbare automatische Prozesse in Grenzen neutralisierbar (vgl. Felser, 2007a, S. 238).

5.2.4 Freiheit, Mündigkeit, Gesetzkonformität und der kategorische Imperativ als weitere Anforderungen an die Beeinflussung

Die Grundlage der humanistischen Ethik ist die Freiheit. Damit ist die Fähigkeit einer Person gemeint, ihrem freien Willen nach, autonom zu handeln. Diese Fähigkeit wird im Subjektcharakter der Person zusammengefasst. Wird die Freiheit bzw. Autonomie einer Person eingeschränkt, bedarf dies ihrer Zustimmung. Andernfalls ist diese Einschränkung unethisch (*vgl. Korff, 1999, S. 233ff.*). Nachdem Wirtschaftswerbung auf den ersten Blick die Freiheit von Menschen nicht beschneidet, fällt bei genauerem betrachten auf, dass die Werbung sehr wohl den Subjektcharakter einer Person, ohne deren Zustimmung, hemmen kann. Durch den Einsatz von subliminalen Beeinflussungsmethoden (siehe Kapitel 4), sollen kognitive Prozesse behindert und die periphere Verarbeitung angesprochen werden. Dadurch können sich rational schlechtere Argumente durchsetzen. Nach dem deontologischen Ansatz muss jedem Menschen das Recht und die Freiheit eingeräumt werden, rationale Entscheidungen zu treffen. Wird ein Konsument durch Beeinflussung zu irrationalen Entscheidungen verleitet, wird somit die Freiheit des Individuums beschnitten (*vgl. Chryssides und Kaler, 1996, S. 128*).

Damit ein Konsument unabhängig und aus eigenem Antrieb eine Kaufentscheidung treffen kann, muss er die Voraussetzungen der Mündigkeit erfüllen. Ob ein Konsument mündig ist, er das Vermögen zur Selbstbestimmung und Eigenverantwortung besitzt, bemisst sich laut Kant danach, ob er seinen Verstand benutzen kann, ohne unter der Leitung eines anderen zu stehen (*vgl. Kant, 1999, S. 20*). Wie bereits beschrieben wurde, wird der Verstand der Konsument durch subliminale Methoden beeinträchtigt. Außerdem versuchen die Werbetreibenden das Verhalten der Konsumenten zu leiten. Da ein Rezipient der Wirtschaftswerbung in diesem Sinne kein freies und mündiges Subjekt mehr ist, erfüllt die Werbung somit auch nicht mehr die beiden ethischen Hauptkriterien der Frankfurter Schule (*vgl. Kreikebaum, 1996, S. 83*).

Wird eine Handlung nicht durch das herrschende Gesetz verboten, ist die laut Aristoteles gerecht (*vgl. Drosdek, 2005, S. 46*). Solange sich Werbung also an alle aktuell gültigen gesetzlichen Bestimmungen hält, ist sie dieser Ansicht nach gerecht.

In seinem Buch „Grundlegung zur Metaphysik der Sitten" beschreibt Immanuel Kant den kategorischen Imperativ, ein weiteres grundlegendes Prinzip der Ethik (*Kant, 1968, S. 421*): „Handle nur nach derjenigen Maxime, durch die du zugleich wollen kannst, dass sie ein allgemeines Gesetz werde." Die Grundlage des kategorischen Imperativs, ist das moralische Recht eines jeden Menschen auf Freiheit (zur Erreichung persönlicher Ziele) und Gleichbehandlung. Zugleich hat jeder Mensch die moralische Verpflichtung, anderen Menschen diese Rechte zuzugestehen (*vgl. Weischenberg, 2004, S. 189*). Danach müssen Handlungen dem Anspruch genügen, dass ihre Maxime als Prinzip einer allgemeinen Gesetzgebung gelten können. Mit Maxime meint Kant den Grund einer Person für eine Handlung in einer bestimmten Situation. Eine Maxime wird dann zum allgemeinen Gesetz, wenn jeder Mensch in ähnlichen Situationen, aus gleichen Gründen, identisch handelt. Darüber hinaus dürfen die beteiligten Parteien nicht als bloßes Mittel gebraucht werden, um ein bestimmtes Ergebnis zu erzielen (*vgl. Drosdek, 2005, 146f.*). Da die Werbung versucht mithilfe eines Konsumenten ein bestimmtes Ziel zu erreichen, wird der Mensch zu einem Mittel zum Zweck degradiert. Dies passiert, wenn Werbetreibende nicht die Befriedigung von Konsumentenbedürfnissen, sondern nur einen möglichst hohen Umsatz erwirtschaften wollen. Auch dem Anspruch, einen allgemeinen Gesetzgebungscharakter zu besitzt, erfüllt die Wirtschaftswerbung nicht.

5.2.5 Ein zusammenfassendes Fazit

Wie ersichtlich wurde, hängt die ethische Vertretbarkeit der Wirtschaftswerbung maßgeblich vom jeweils betrachteten ethischen Ansatz ab.

Da sich die Werbung in der Regel an die gesetzlichen Vorgaben hält, ist sie nach Aristoteles gerecht. Auch unter Betrachtung des teleologischen Ansatzes, insbesondere des Utilitarismus, ist Werbung durchaus ethisch vertretbar, da Wertgewinne einer Seite mit den Wertverlusten der anderen Seite ausgeglichen werden können. In einem ethisch besseren Licht erstrahlt die Werbung dadurch, dass Sie Menschen mit Informationen versorgt und Lösungen für bestehende Probleme anbieten kann. Nach dem Utilitarismus ist gut, was für möglichst viele Menschen nützlich ist. Fragwürdig ist in diesem Zusammenhang die Wirkung von Werbung auf die Entwicklungspsychologie von Kindern- und Jugendlichen, die in Kapitel 5.4 näher beleuchtet werden soll.

Da die Wirtschaftswerbung wenige tugendhafte Ziele verfolgt, erscheint sie nach der Tugendethik zweifelhaft. Durch die Einschränkung von Freiheit und Mündigkeit werden die ethischen Kriterien der Frankfurter Schule nicht erfüllt. Werbemaßnahmen werden nicht nach der Maxime und unter dem Anspruch einen Gesetzgebungscharakter zu haben, erstellt. Außerdem werden Menschen im Rahmen der Beeinflussung als Mittel zum Zweck behandelt. Nach dem kategorischen Imperativ ist Werbung also in den meisten Fällen unethisch. Die in der Werbung verwendete persuasive Kommunikation wird darüber hinaus von Plato und Kant scharf kritisiert.

Ob Wirtschaftswerbung ethisch Richtig ist, lässt sich nicht einwandfrei beantworten. Die Ethik bietet jedoch einen Ansatz, moralische Aussagen und Urteile systematisch zu erläutern und zu begründen. Werbung wird durch die Ethik von ihrer Selbstverständlichkeit befreit und dadurch begründungspflichtig und kritisierbar. Aufgrund der aufgezeigten ethischen Kritik, ist Werbung mindestens als ethisch bedenklich einzustufen. Werden gezielt Formen der Täuschung und Lüge in der Werbung angewandt, überschreitet man diese Grenze. Ausprägungen der Manipulation lassen keinen Zweifel daran, dass absichtlich gegen Wahrheit und Richtigkeit verstoßen wird und somit ein unethisches Verhalten vorliegt.

5.3 Prinzipien für einen verantwortungsbewussten Umgang

Unter ethischen Prinzipien versteht man Standards oder Regeln, die ein ethisches Verhalten beschreiben. Michael Josephson benannte zehn ethische Prinzipien (*vgl. Josephson, 2014, S. 78ff.*): Ehrlichkeit, Integrität, Einhaltung von Versprechen, Fairness, Treue, Fürsorglichkeit, Respekt, Verantwortung, Strebsamkeit und Verlässlichkeit.
Diese Prinzipien erinnern stark an die Tugenden, die Aristoteles in seiner Tugendethik formulierte. Bei der in diesem Unterkapitel folgenden Formulierung ethischer Prinzipien, kommen aber auch andere ethische Ansätze zur Anwendung.

5.3.1 Gründe für die Einführung ethischer Prinzipien

Wie aus dem Kapitel 5.2 hervorgeht, ist die beeinflussende Komponente in der Werbung ethisch höchst fragwürdig. Diese Tatsache, sowie der mögliche Einsatz von unethischen Methoden machen deutlich, dass ein verantwortungsbewusster Umgang mit Werbung ethischen Regeln bedarf. Je mehr Marktteilnehmer sich diesen ethischen Regeln unterwerfen, umso mehr kann eine Vereinbarkeit von Ethik und Werbung gelingen (*vgl. Homann und Lütge, 2005, S. 28*).
Einen weiteren Grund ethische Regeln zu erstellen liefert der Philosoph Karl Popper. Er kam zu der Erkenntnis, dass es niemals eine absolut gerechte Welt geben wird. Gleichwohl ist dies keine Entschuldigung, innerhalb des eigenen Verantwortungsbereiches Verbesserungsmöglichkeiten ungenutzt zu lassen (*vgl. Drosdek, 2005, S. 176f.*).

5.3.2 Das Schlüsselelement Verantwortung

Die Verantwortung lässt sich an getroffenen Entscheidungen beurteilen. Verantwort-lichkeit beschreibt die Möglichkeit einer Person, für ihre Handlungen gegenüber anderen zur Rechenschaft gezogen zu werden. Das Abwägen von Handlungen mit den einhergehenden sozialen und moralischen Normen gilt als verantwortungsbe-wusst, wenn die anschließende Entscheidung mit diesen konform geht. Damit ist Verantwortungsbewusstsein ethisch höher gestellt, als Verantwortlichkeit (*vgl. Bruton, 2011, S. 200f.*). Für den chinesischen Philosophen Laozi entsteht Verantwor-tung nicht nur aus getätigten Handlungen, sondern sie ergibt sich auch aus unterlas-senen Handlungen (*vgl. Drosdek, 2005, S. 65*). Ein Werbetreibender hat sich also für seine Handlungen sowohl gegenüber seinen Rezipienten, als auch gegenüber seinen Auftraggebern für den Einsatz von Beeinflussungsmethoden oder den unter-lassenen Einsatz zu verantworten.

Eine Handlung hat nach Kant nur dann einen moralischen Wert, wenn der Handeln-de für seine Taten voll verantwortlich ist. Dabei können drei Verantwortungsbereiche unterschieden werden, gegenüber denen sich die Werbewirtschaft rechtfertigen muss (*vgl. Sorell und Hendry, 1998, S.* 36):

1. Individualverantwortung: Die Verantwortung eines Individuums sich selbst gegenüber.
2. Sozialverantwortung: Die Verantwortung gegenüber der sozialen Umwelt.
3. Umweltverantwortung: Die Verantwortung gegenüber der Natur.

Ohne Verantwortung und Verantwortungsbewusstsein ist kein ethisches Handeln möglich. Darüber hinaus hat eine Werbebotschaft auf den Rezipienten stets einen Einfluss, aus welchem zwangsläufig Verantwortung resultiert (*vgl. Drosdek, 2005, S. 180*). Die im Folgenden vorgestellten Regeln für einen verantwortungsbewussten Umgang kognitionspsychologischer Elemente, zur Beeinflussung von Konsumen-tenentscheidungen in der Werbung, sollen deshalb stets in einem ethischen Kontext stehen.

5.3.3 Die Entwicklung ethischer Regeln für Werbetreibende

Aufbauend auf den zehn ethischen Prinzipien von Michael Josephson wurden die vier Prinzipien: Ehrlichkeit und Wahrheit, Wahrung der Menschenwürde und Verant-wortlichkeit ausgewählt. Unter diesen Prinzipien wurden jeweils einzelne Regeln für einen verantwortungsbewussten Umgang mit Elementen der Werbung formuliert.

Ehrlichkeit und Wahrheit

1. Werbung muss ehrlich und wahrheitsgemäß sein.

Es darf weder gelogen noch anderweitig getäuscht werden. Produkt- und Garantie-angaben müssen stets wahrheitsgemäß sein. Enthält eine Werbebotschaft Informa-tionen, die falsch oder irreführend sind, ist sie unethisch. Auch das Auslassen relevanter Informationen sollte unterlassen werden.

2. Werbemaßnahmen sind als solche klar zu kennzeichnen.

Getarnte Werbung, beispielsweise in Form von Product Placement, Sponsoring, Merchandising oder redaktionell gestaltete Werbeanzeigen, sind als solche klar zu kennzeichnen.

3. Das Wesen des Rezipienten darf nicht manipuliert werden.

Manipulative Elemente der Werbegestaltung sind zu unterlassen. Insbesondere unterschwellige bzw. subliminale Methoden und andere Formen, die die Informa-tionsverarbeitung der Rezipienten untergraben, sollen bei der Werbegestaltung keine Anwendung finden.

Wahrung der Menschenwürde

4. Werbung darf niemals die Würde von Menschen oder Tieren verletzen.

Bei der Werbegestaltung sollte darauf geachtet werden, dass kulturelle-, soziale-, länderspezifische-, geschlechtsspezifische-, rassistische- und religiöse Themen mit dem notwendigen Respekt behandelt werden.

Verantwortlichkeit

5. Werbung muss allen gesetzlichen- und selbstauferlegten Normen ent-sprechen.

Die gesetzlichen Grenzen, wie geltendes Wettbewerbsrecht, urheberechtliche Gesetze oder kennzeichnungsrechtliche Bestimmungen, sind einzuhalten. Ebenso wie die Richtlinien von selbstdisziplinären Einrichtungen.

6. Werbung muss die Regeln des fairen Wettbewerbs einhalten.

Werbetreibende stehen in der Verantwortung, gegenüber dem eigenen Unternehmen und der Branche loyal und integer zu sein. Bei der Verfolgung unternehmensinterner Interessen, dürfen keine Konkurrenten durch negative Vergleiche geschädigt werden.

7. Werbung muss so gestaltet sein, dass sie weder anstößiges noch ungesundes Verhalten fördert oder verharmlost.

Unverantwortliches, illegales, diskriminierendes, angsteinflößendes, riskantes, exzessives, pornografisches und gewaltverherrlichendes Verhalten dürfen keine Gegenstände der Werbung sein. Werbung darf keine Elemente beinhalten, die für Kinder einen besonderen Reiz darstellen. Außerdem darf ethisch richtiges Verhalten nicht in einem negativen Licht dargestellt werden.

8. Werbung darf Unwissen und mangelnde Erfahrung von Konsumenten nicht ausnutzen.

Mangelndes Wissen, Erfahrungen oder Kompetenzen, vor allem bei Kindern und Jugendlichen, darf nicht absichtlich ausgenutzt werden.

Diese acht werbeethischen Grundregeln sind absichtlich relativ allgemein gehalten, da konkrete Anforderungen je nach Situation, Zielgruppe, Medium, Kontext und Zeitpunkt entschieden werden müssen. Dabei stellen diese Regeln keinen Anspruch auf Vollständigkeit.

5.4 Kindheit und Jugend im Umgang mit Werbung

Kinder und Jugendliche sind schon seit Längerem eine marktrelevante Größe. Sie äußern Wünsche zu besonderen Festen im Jahr, haben ein Mitspracherecht bei Einkäufen und werden unter anderem durch die Werbung vorgeprägt. In Deutschland richtet sich immerhin ca. 20 Prozent der Werbung ausschließlich an Kinder (*vgl. Spitzer, 2007, S. 95*). Aus einer Pressemitteilung der Deutschen Gesellschaft für Kinder- und Jugendmedizin geht hervor, dass ein fernsehsehendes Kind zwischen 20.000 und 40.000 TV-Werbespots pro Jahr sieht (*vgl. Deutsche Gesellschaft für Kinder- und Jugendmedizin, 2010*). Kritisiert werden die Verführung der Kinder zum Konsum, der Aufbau einer unkritischen Konsumhaltung und die Schädigung der Kinder durch Werbung, beispielsweise durch ungesunde Lebensmittel. Aus diesen Gründen wächst die Notwendigkeit, für einen verantwortungsbewussten medienpädagogischen Umgang der Kinder- und Jugendlichen mit medialen Elementen.

Um der Forderung nach Kinder- und Jugendschutz nachzukommen, haben sich zahlreiche Gruppen gegen Kinderwerbung gebildet. Dazu zählen z.B. die „Alliance for Childhood" oder die „Stop Commercial Exploitation of Children". Neben diesen Gruppen soll der Kinder- und Jugendschutz durch Selbstregulierungen der Unternehmen und durch gesetzliche Normen sichergestellt werden (*vgl. Oerter, 2007, S. 582f.*). Dieser Schutz ist notwendig, denn der Medienkonsum von Kindern und Jugendlichen wächst stark an. Dazu trägt die ebenfalls wachsende Medienausstattung in den Haushalten wesentlich bei. Eine Ursache für diesen Anstieg ist unter anderem die Verhäuslichung von Kindern. Kinder spielen zunehmend weniger auf Straßen und öffentlichen Plätzen, auch, weil die Verstädterung und Automobilisierung der Umwelt weniger Möglichkeiten dazu bietet. Eine andere Ursache ist der Geburtenrückgang. Gerade bei Kindern im Alter zwischen sechs und 13 Jahren ist es nur mit größerem Aufwand möglich, andere Freunde und Spielkameraden in der nicht digitalen Welt zu treffen. Somit sind Kinder auf ein Medial gut ausgestattetes Elternhaus angewiesen (*vgl. Vollbrecht, 1999, S. 61*). Mit Werbung für Kinder und Jugendliche sind in diesem Kapitel alle Werbemaßnahmen gemeint, die sich ausdrücklich, ausschließlich, oder zumindest auch an Kinder richten.

5.4.1 Mediensozialisation

„Sozialisation bezeichnet das Hineinwachsen eines Individuums in die Normen einer Gesellschaft" (*Bieber-Delfosse, 2002, S. 79*). Mediensozialisation erklärt die Medienauswirkungen auf den Entwicklungsprozess von Kindern und Jugendlichen. Dabei stehen die Entstehung und Entwicklung von Normen, Wertevorstellungen, Verhaltensweisen und Wissen im Fokus (*vgl. Baacke et al., 1997, S. 28*).

Neben traditionellen Sozialisationsinstanzen wie der Familie, der Schule und Gleichaltrige haben Medien sich immer mehr zu einem einflussreichen Faktor bei der Ausprägung der eigenen Identität herausgebildet (*vgl. Bieber-Delfosse, 2002, S. 79*). Das Zusammenspiel von Medien und Welterschließung ist naheliegend. Medien können den kindlichen Wissensdurst und ihre Neugier befriedigen und liefern Anregungen für soziales Handeln (*vgl. Six, 2008, S. 897f.*).

Vollbrecht teilt die Funktionen von Medien in soziale, biographische und hier weniger bedeutsam, situative, ein. Zu den sozialen Funktionen gehören die Meinungsbildung, die Gruppenidentität und das Positionieren in der Medienwelt.
Biographische Funktionen sind die Entwicklung von Selbstreflexivität, Selbstdarstellung und die Identitätsentwicklung (*vgl. Vollbrecht, 2003, S.15*).

„Die Aufrechterhaltung der Kindheit war abhängig von Prinzipien kontrollierter Wissensvermittlung und des folgerichtigen Lernens. Mit den Telegraphen setzte nun eine Entwicklung ein, in deren Verlauf dem Elternhaus und der Schule die Kontrolle über die Information entrissen wurde" (*Postman, 1987, S. 86*).
Um einen Überblick über das Ausmaß dieses Kontrollverlustes zu bekommen, soll im folgenden Abschnitt der Medienkonsum von Kindern und Jugendlichen dargestellt werden.

5.4.2 Medienkonsum von Kindern und Jugendlichen

Medien halten stetig weiter Einzug in alle Bereiche des menschlichen Lebens. Radio, Fernsehen, Mobiltelefone, das Internet, Plakate und Zeitschriften. Medien und mit ihnen auch die Werbung, sind beinah überall. Kaum mehr gibt es Rückzugsorte, an denen man vor den medialen Einflüssen geschützt ist. Dabei drängt sich die Frage auf, was dieser omnipräsente Medieneinfluss für Auswirkungen auf Kinder und Jugendliche hat. Um diese Frage zu beantworten, sollen vier Studien ausgewertet werden:

Die KIM-Studie (Kinder + Medien, Computer + Internet) aus dem Jahr 2014, die den Medienumgang von Sechs- bis 13-Jährigen untersucht und vom Medienpädagogischen Forschungsverbund Südwest (mpfs), als Kooperation der beiden Landesmedienanstalten von Baden-Württemberg und Rheinland-Pfalz und in Zusammenarbeit mit dem Südwestrundfunk, in Auftrag gegeben wurde. Daneben die 2015 von der mpfs durchgeführte Schwesterstudie JIM (Jugend, Information, (Multi-) Media), die den Medienumgang von Zwölf- bis 19-Jährigen untersucht. Ergänzend findet noch die jährliche ARD/ZDF-Onlinestudie, in Auftrag gegeben durch die ARD/ZDF-Medienkommission und die Jugendstudie des Mineralölkonzerns Shell zur Beantwortung der Frage, Anwendung. Die Studie von ARD/ZDF, aus dem Jahr 2015, beschränkt sich in diesem Buch auf Kinder im Alter zwischen 14 und 19 Jahren. Die Shell-Studie, ebenfalls von 2015, beschäftigt sich hingegen mit Jugendlichen im Alter zwischen zwölf und 25 Jahren.

Medienkonsum von Sechs- bis 13-Jährigen:
Die rasante Digitalisierung macht auch vor Kinderzimmern nicht halt. So verwundert es nicht, dass Themen wie Internet, Computer oder Laptop bei Kindern nach Freunden als zweitwichtigstes Interessengebiet genannt werden (*vgl. Medienpädagogischer Forschungsverbund Südwest, 2014, S. 6*).

Die Medienausstattung der deutschen Haushalte ist beachtlich.
In Familien mit sechs- bis 13-jährigen Kindern besteht nahezu eine Vollausstattung bei Fernseher, Handy/Smartphone, Computer/Laptop und Internetzugang.
90 Prozent der Haushalte besitzen ein Radio und knapp drei Viertel der Familien besitzen Spielkonsolen.
Auch Kinder im Alter von sechs- bis 13 Jahren besitzen selbst schon einige Mediengeräte, wie in Abbildung 5-1 zu sehen ist. So haben 50 Prozent der Kinder einen CD-Player, 48 Prozent eine Spielkonsole, 47 Prozent ein Handy/Smartphone, 46 Prozent einen MP3-Player, 35 Prozent einen Fernseher, 27 Prozent ein Radio und 21 Pro-

zent besitzen bereits einen eigenen Computer oder Laptop (*vgl. Medienpädagogischer Forschungsverbund Südwest, 2014, S. 8f.*).

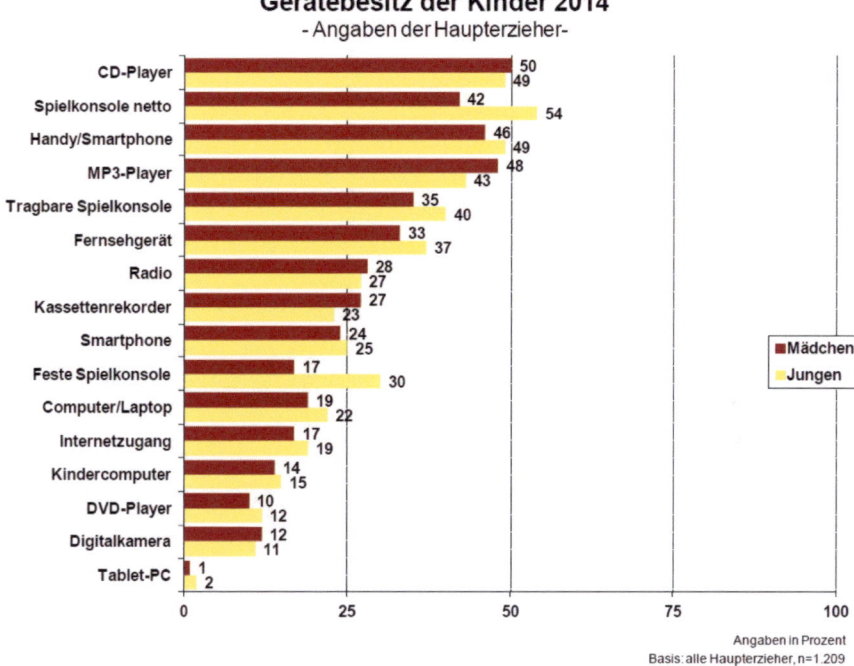

Abbildung 5-1: Gerätebesitz der Kinder 2014 (Medienpädagogischer Forschungsverbund Südwest, 2014, S. 9)

35 Prozent haben einen eigenen Fernseher im Zimmer. Während dieser Wert bei den Jüngsten, den sechs- bis sieben Jahre alten Kindern noch bei elf Prozent liegt, wächst er bei den Zwölf- bis 13-Jährigen schon auf 62 Prozent an. Auffällig ist dabei, wie zeitlich Konstant sich der Fernsehkonsum über die Jahre verhält. So schwankt der Anteil der Kinder, die täglich Fern sehen (79 %) zwischen 1999 und 2014 nur um ca. ±5 Prozent (*vgl. Medienpädagogischer Forschungsverbund Südwest, 2014, S. 20*).

Ähnlich stark schwankt die Geräteverteilung bei Computern und Laptops.
Hier besitzen zwei Prozent der Sechs- bis Siebenjährigen ein eigenes Gerät, während bei Zwölf- bis 13-Jährigen ganze 47 Prozent ein eigenes Gerät besitzen. 98 Prozent der Familien haben Internet Zuhause. Ein Viertel der Sechs- bis Siebenjährigen haben erste Interneterfahrungen gesammelt. Im Alter von zwölf bis 13 Jahren haben bereits 93 Prozent das Internet kennen gelernt (*vgl. Medienpädagogischer Forschungsverbund Südwest, 2014, S. 31ff.*).

Die häufigste Tätigkeit, die 79 Prozent der Kinder jeden- oder fast jeden Tag verrichten, ist das Fernsehen. Das Spielen am Computer oder an der Konsole zählt ebenso zu den regelmäßigen Freizeitbeschäftigungen, da 62 Prozent der befragten Kinder wöchentlich auf diese Art von Freizeitbeschäftigung zurückgreifen (*vgl. Medienpädagogischer Forschungsverbund Südwest, 2014, S. 10*).

Einen starken Zuwachs mit steigendem Alter erfahren das Spielen an PC oder der Konsole, sowie die Nutzung des Internets. Während nur etwa elf Prozent der Sechs- bis Siebenjährigen ein Handy regelmäßig nutzen, steigt auch hier der Anteil regelmäßiger Nutzer bei Zwölf- bis 13-Jährigen auf 91 Prozent. Auf die Frage, welche Freizeitaktivität die Kinder am liebsten ausüben, landete das Fernsehen (36 %), nach draußen Spielen (39 %) und dem Treffen mit Freunden (53 %) auf dem dritten Platz (*vgl. Medienpädagogischer Forschungsverbund Südwest, 2014, S. 12f.*).

Ob Kinder Medien alleine oder mit anderen gemeinsam konsumieren, kann die Frage, inwiefern Kinder den Medienkonsum selbstständig in ihren Alltag integrieren, beantworten. Dabei zeigt sich, wie in Abbildung 5-2 zu sehen ist, dass mit zunehmenden Alter alle Medientätigkeiten selbstständiger ausgeübt werden (*vgl. Medienpädagogischer Forschungsverbund Südwest, 2014, S. 14f.*).

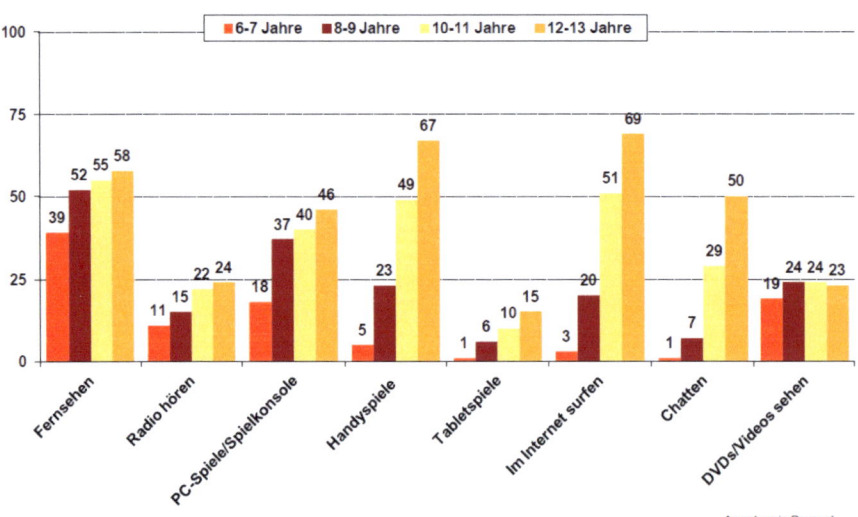

Abbildung 5-2: Mediennutzung 2014: mache ich eher alleine (Medienpädagogischer Forschungsverbund Südwest, 2014, S. 15)

Die Bedeutung des Fernsehers für Kinder spiegelt sich auch in der Beantwortung der Frage, auf was die Kinder am wenigsten verzichten können, wieder. Wie man aus der Abbildung 5-3 entnehmen kann, landet der Fernseher mit 61 Prozent, mit Abstand auf dem ersten Platz. Dabei gibt es große Unterschiede bei der Beantwortung der Frage, wenn Altersabstufungen berücksichtigt werden. Während bei Sechs- bis Siebenjährigen noch 80 Prozent für den Fernseher stimmen, sinkt der Wert bei Zwölf- bis 13-Jährigen auf 36 Prozent. Die Fernsehbindung ist also rückläufig. Umgekehrt verhält es sich bei Computer/Laptop/Internet. Hier stimmen gerade einmal fünf Prozent der Sechs- bis Siebenjährigen für diese Medien. Bei Zwölf- bis 13-Jährigen sind es schon ganze 51 Prozent (*vgl. Medienpädagogischer Forschungsverbund Südwest, 2014, S. 16*).

Medienbindung 2014
- Am wenigsten verzichten kann ich auf ... -

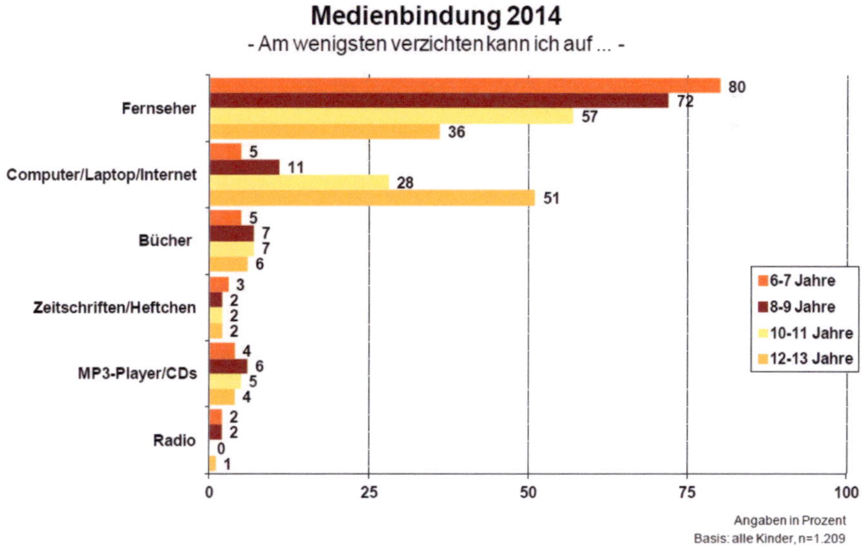

Abbildung 5-3: Medienbindung 2014 - Am wenigsten verzichten kann ich auf… - (Medienpädagogischer Forschungsverbund Südwest, 2014, S. 16)

Der tägliche Medienkonsum von Kindern ist beachtlich. Kinder sehen durchschnittlich jeden Tag 93 Minuten fern, sind 36 Minuten im Internet, verbringen 33 Minuten spielend am Computer, der Konsole oder im Internet, hören 29 Minuten Radio und spielen 14 Minuten am Handy oder Smartphone. Somit sind Kinder im Alter von sechs bis 13 Jahren durchschnittlich drei Stunden und 25 Minuten mit diesen Medien beschäftigt. Mit zunehmendem Alter steigt die mediale Nutzungsdauer tendenziell, wie Abbildung 5-4 zeigt. Bei Sechs- bis Siebenjährigen beträgt der tägliche Medienkonsum zwei Stunden und 10 Minuten, bei Zwölf- bis 13-Jährigen schon vier Stunden und 47 Minuten (*vgl. Medienpädagogischer Forschungsverbund Südwest, 2014, S. 63f.*).

Geschätzte tägliche Nutzungsdauer verschiedener Medien durch Kinder
- Angaben der Haupterzieher -

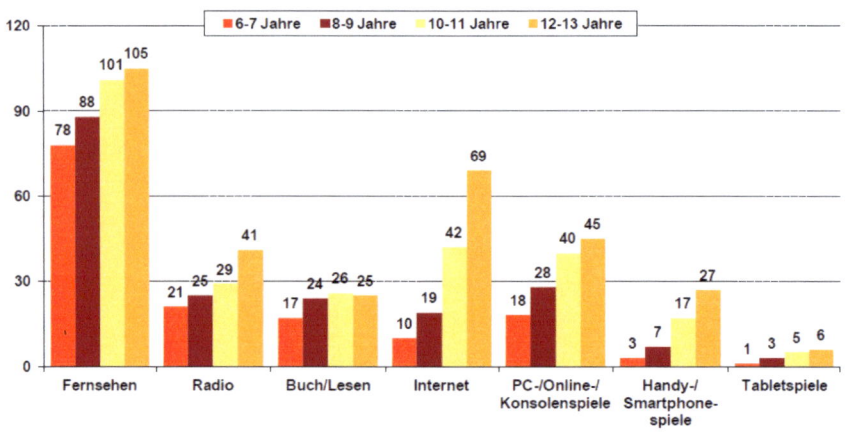

Abbildung 5-4: Nutzungsdauer verschiedener Medien durch Kinder (Medienpädagogischer Forschungsverbund Südwest, 2014, S. 64)

Medienkonsum von Zwölf- bis 25-Jährigen:

Die Medienausstattung in den Haushalten der Jugendlichen ist ebenso beachtlich, wie die der Kinder. Mobiltelefone bzw. Smartphones, Computer oder Laptop, Fernseher und Internetzugang stehen in nahezu allen Haushalten zur Verfügung.

Ein Radio gibt es in neun von zehn Haushalten und etwa drei Viertel haben eine Spielekonsole (*vgl. Medienpädagogischer Forschungsverbund Südwest, 2015, S. 6*).

Fast jeder (98 %) Zwölf- bis 19-Jährige besitzt ein eigenes Handy. 90 Prozent der Jugendlichen können von ihrem Zimmer aus ins Internet gehen. Ungefähr drei Viertel (76 %) besitzen einen eigenen Computer oder Laptop, 57 Prozent einen eigenen Fernseher, 54 Prozent ein Radio, 50 Prozent eine Spielkonsole, 29 Prozent ein Tablet-PC. Während bei Kindern der Gerätebesitz mit zunehmenden Alter noch stark ansteigt, lassen sich in der Altersgruppe der Jugendlichen kaum mehr Unterschiede zwischen den ältesten und den jüngsten Befragten feststellen. Ausnahmen stellen hier Computer/Laptops (12-13 Jahre: 63 %, 18-19 Jahre: 93 %), der Fernseher (12-13 Jahre: 42 %, 18-19 Jahre: 69 %) und tragbare Spielekonsolen (12-13 Jahre: 57 %, 18-19 Jahre: 44 %) dar (*vgl. Medienpädagogischer Forschungsverbund Südwest, 2015, S. 7f.*).

Gerätebesitz Jugendlicher 2015

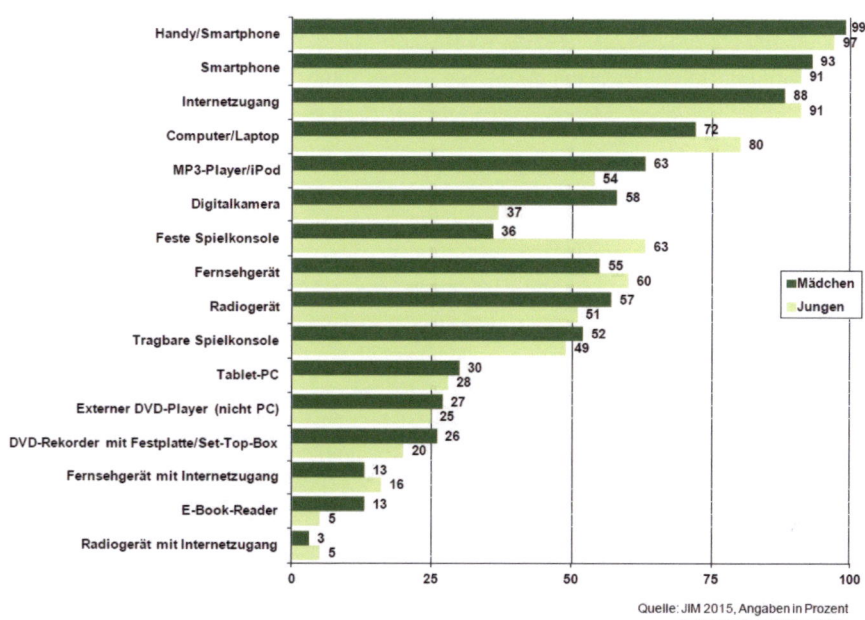

Quelle: JIM 2015, Angaben in Prozent
Basis: alle Befragten, n=1.200

Abbildung 5-5: Gerätebesitz Jugendlicher 2015 (Medienpädagogischer Forschungsverbund Südwest, 2015, S. 8)

Der Umgang mit digitalen Medien gehört zum Alltag im Leben der heutigen Jugend. An erster Stelle der täglich genutzten Medien steht das Handy (89 %), gefolgt vom Internet (80 %), Fernsehen (52 %) und dem Radio (56 %) (*vgl. Medienpädagogischer Forschungsverbund Südwest, 2015, S. 11*).

Interessant ist, dass mit 6,6 Onlinenutzungen pro Woche, die 14- bis 19-Jährigen, zusammen mit den 20- bis 29-Jährigen, die ebenfalls auf 6,6 Onlinenutzungen pro Woche kommen, am häufigsten von allen Altersstufen, im Internet sind (vgl. *ARD-Werbung SALES & SERVICES, © 2015, S. 416*).

Um den Stellenwert der Medien im Leben der Jugendlichen einzuschätzen, wurde nach der subjektiven Wichtigkeit der Medien gefragt. Die größte Bedeutung kommt dem Internet (90 %), dem Musikhören (87 %) und dem Handy (86 %) zu. Werden die Geschlechter differenziert betrachtet, stellt man fest, dass außer Bücher lesen und PC-/Videospiele zu nutzen, die subjektiven Einschätzungen nur geringfügig vonein-ander abweichen (*vgl. Medienpädagogischer Forschungsverbund Südwest, 2015, S. 14*).

57 Prozent der Zwölf- bis 19-Jährigen besitzen einen eigenen Fernseher. Dabei steigt die Besitzrate mit dem Alter an. Während 42 Prozent der Zwölf- bis 13-Jährigen ein Gerät besitzen, können 69 Prozent der 18- bis 19-Jährigen ein Gerät ihr eigen nennen. Durchschnittlich sehen die Jugendlichen täglich knapp zwei Stunden (113 Minuten) fern (*vgl. Medienpädagogischer Forschungsverbund Südwest, 2015, S. 24*).

Drei Viertel aller Jugendlichen besitzen selbst einen eigenen Computer oder Laptop, wobei Laptops doppelt so häufig vertreten sind wie stand Computer. Die durchschnittliche Nutzungsdauer beträgt 208 Minuten. Während Zwölf- bis 13-Jährige noch durchschnittlich 156 Minuten online sind, verbringen 18- bis 19-Jährige schon durchschnittlich täglich 260 Minuten im Internet (*vgl. Medienpädagogischer Forschungsverbund Südwest, 2015, S. 29f.*). Die Shell Jugendstudie gibt eine etwas geringere Internetnutzungsdauer mit 18 Stunden pro Woche an, die ein Jugendlicher durchschnittlich im Internet verbringt. Dieser Wert setzt den steigenden Trend der Vorjahre nahtlos fort, waren es 2010 noch 13 Stunden, 2006 weniger als 10 Stunden und 2002 gerade einmal 7 Stunden pro Woche (*Deutsche Shell Holding GmbH, 2015, S. 18*).

Bei der Untersuchung des Konfliktpotenzials, das mit der Mediennutzung einhergeht, stellte die JIM-Studie 2015 fest, dass die Mehrheit der Jugendlichen nach eigener Einschätzung keinen Stress oder Ärger wegen ihrer Mediennutzung haben.
Das größte Konfliktpotenzial birgt die Nutzungsdauer digitaler Spiele (*vgl. Medienpädagogischer Forschungsverbund Südwest, 2015, S. 52*). Hier hat ein Drittel der Jugendlichen häufig- oder gelegentlich Ärger, weil sie zu lange an PC, Konsole oder Handy spielen (*vgl. Medienpädagogischer Forschungsverbund Südwest, 2015, S. 57*).

Die JIM-Studie 2015 belegt, dass man Jugendlichen eine nicht zu unterschätzende Medienkompetenz unterstellen kann. Dennoch erfordern die neuen Technologien, vor allem bei Tablet-PCs, sowie Smartphones, ein hohes Maß an Selbstkontrolle und Reflexion, um Verantwortungsbewusst mit diesen Kommunikationszentren umzugehen. Die wachsende Mediendurchdringung des Alltags verändert die Sozialisationsbedingungen von Jugendlichen maßgeblich. Zur Herausbildung einer eigenen Identität sowie zur Bewältigung von Entwicklungsaufgaben standen nie mehr Medien- und Informationsangebote zur Verfügung wie heute.

Erwachsene können durch das verantwortungsbewusste Ausfüllen ihrer Vorbildfunktion dazu beitragen, dass Kinder- und Jugendliche einen guten Medienumgang ausprägen (*vgl. Medienpädagogischer Forschungsverbund Südwest, 2015, S. 58*).

92

5.4.3 Werbung als Vermittler von Menschen- und Weltbildern

Medien sind eine Quelle für die Bildung von Menschen- und Weltbildern, vor allem bei Heranwachsenden. In Zeitschriften, auf Plakaten, im Fernsehen und auf anderen Werbeträgern sieht man Menschen, bei denen das Aussehen eine besondere Rolle spielt. Die Kleidung, der Geruch, die Frisur oder das Hautbild – in der Werbung werden Menschen häufig zu Prestigeobjekten degradiert. „In der heilen Welt der Werbespots werden erstrebenswerte und angenehme Lebenssituationen gezeigt. Die Darsteller zeichnen in der Regel das irreale Bild einer stets glücklichen Gemeinschaft und Familie. In dieser Welt werden Kinder generell sehr zärtlich behandelt und bekommen alle Wünsche erfüllt [...]" (*Wagner, 2002, S. 53*).

Problematisch wird dieser Sachverhalt, wenn Menschen, vor allem Kinder- und Jugendliche, nicht in der Lage sind, zwischen Fiktion und Realität zu unterscheiden (*vgl. Oerter, 2007, S. 585*). Dazu sind Kinder bis zu drei Jahren nicht in der Lage (*vgl. Huston, 1995, S. 34ff.*). Im Vorschulalter sind Kinder zwar in der Lage, diese Unterscheidung vorzunehmen, sie können aber das normale Fernsehprogramm häufig noch nicht von der Werbung trennen (*vgl. Böhme-Dürr, 2000, S. 133ff.*). Und auch danach ist es nicht richtig den Schluss zu ziehen, dass mit dem Vermögen, Werbung und Programm trennen zu können, eine Werbekompetenz besteht. 62 Prozent der Vier- bis Sechsjährigen sind in der Lage diese Unterscheidung vorzunehmen, dennoch erkennen sie noch nicht den wirtschaftlichen Zusammenhang und die Verkaufsabsicht dahinter (*vgl. Müller, 1997, S. 223*). Bei andere Formen der Verkaufsförderung, wie Merchandising, Eventmarketing, Product Placement etc. ist es darüber hinaus erheblich diffiziler, Werbeabsichten zu erkennen (*vgl. Felser, 2007a, S. 370*). Eine wirklich kritische Reflexion von Medieninhalten findet erst im Alter von 15 Jahren statt (*vgl. Charlton et al., 1995, S. 25ff.*). In der Zwischenzeit wird den Heranwachsenden häufig der Eindruck vermittelt, dass Glück käuflich ist (vgl. Wagner, 2002, S. 53).

Mithilfe einer Inhaltsanalyse von Werbesport stellte Browne (1998) fest, dass Werbung Geschlechterstereotypen übermäßig stark darstellt. Jungen wurden aktiver, aggressiver und dominanter dargestellt als Mädchen, die eher kindlich, artig und abhängig präsentiert werden (*vgl. Browne, 1998, S. 83ff.*). Die sozialisatorische Wirkung solcher Bilder sorgt für eine Anpassung der Einstellungen der Kinder, an die gezeigten Geschlechtsstereotypen (*vgl. Tan, 1979, S. 283ff.*).

Es ist allerdings auch wichtig darauf hinzuweisen, dass die Werbung einen Überblick über die Produkt- und Warenwelt liefert und für Kinder eine Orientierungshilfe darstellen kann (*vgl. Müller, 1997, S. 57f.*).

5.4.4 Konsum und Identität

Identität ist „[…] eine einzigartige Kombination von persönlichen, unverwechselbaren Daten des Individuums, wie Name, Alter, Geschlecht und Beruf, durch welches das Individuum gekennzeichnet ist und von allen anderen Personen unterschieden werden kann" (*Oerter, 2007, S. 587*). Diese einzigartige Persönlichkeitsstruktur kann aus zwei Blickwinkeln betrachtet werden. Zum einen, wie sich diese Struktur für andere Menschen darstellt und wichtiger noch bei Kindern, wie das eigene Verständnis für diese Struktur aussieht. Beim letzter genannten geht es um das Selbstbild von sich und dem Sinn dafür, wer oder was man sein will (*vgl. Oerter, 2007, S. 587*).

Die Theorie der symbolischen Selbstergänzung
Nach der von Gollwitzer und Wicklund (1985) entwickelten Theorie, verwendet ein Individuum zur Selbstdefinition Indikatoren. Indikatoren stehen dabei stellvertretend für das Selbst, also die Identität des Individuums. Bei Jugendlichen können das besonders Kleidung, Accessoires, eine Frisur, verbale Ausdrücke, ein Musikgeschmack etc. sein. Dabei strebt jedes Individuum nach einem Idealbild, es hat also eine Richtung, in die das Selbstbild sich entwickeln soll. Damit in Verbindung steht der Drang zur Selbstergänzung bzw. Vervollständigung. Sehen wir etwas, dass uns unserem Idealbild näher bringt, oder verlieren wir etwas, dass uns unserem Idealbild näher gebracht hat, streben Menschen nach diesem Indikator. Während des Versuchs der Selbstergänzung können, vor allem bei Jugendlichen, Realitätsverzerrungen auftreten, da häufig versucht wird die Identitätsziele um jeden Preis zu erreichen. Vor allem, wenn es um die Selbstdefinition gegenüber von Erwachsenen geht, kann Drogenmissbrauch oder verfrühtes Sexualverhalten auftreten. Dieser Drang nach Selbstergänzung erklärt, warum materieller Besitz einen so hohen Stellenwert bei Kindern- und Jugendlichen hat (*vgl. Gollwitzer und Wicklund, 1985, S. 61ff.*).

Auch das Körperselbstbild wird maßgeblich durch Mediale Vorgaben geprägt. So steigt bei Mädchen mit zunehmenden Alter die Unzufriedenheit mit dem eigenen Gewicht, da sie dem Schönheitsideal der Schlankheit nacheifern (*vgl. Davies und Furman, 1986, S. 279ff.*). Diese Tatsache konnte auch von Richins (1991), sowie von Martin und Kennedy (1993) bestätigt werden. Sie wiesen nach, dass weibliche Jugendliche und junge Erwachsene, die eigene Attraktivität mit der von Modellen aus der Werbung vergleichen (*vgl. Martin und Kennedy, 1993, S. 513ff.*). Durch diesen Vergleich ändern sich das Selbstbild und somit indirekt auch das Selbstwertgefühl (*vgl. Richins, 1991, S. 71ff.*).

5.4.5 Eine zusammenfassende Betrachtung

Ein verstärkter kindlicher Werbekonsum hängt nachweislich mit einer erhöhten Bereitschaft zusammen, materialistischen Werten zuzustimmen (*vgl. Goldberg et al., 2003, S. 278ff.*). Wenn behauptet wird, Werbung habe keinen schädlichen Einfluss auf Kinder, ist zu klären, wie Schaden definiert wird. „Man kann auch fragen, ob ein Verhalten, dass einen Schaden zwar nicht instrumentell herbeiführt, expressiv aber sozusagen diesen Schaden als Ziel vorstelle, nicht ebenfalls fragwürdig und schädlich ist" (*Felser, 2007a, S. 372*). Wenn Werbung eine materialistische Werthaltung nicht direkt verursacht, kann Sie als „[...] Statement zu Gunsten einer dysfunktionalen Werthaltung" trotzdem kritisiert werden (*Felser, 2007a, S. 372*).

Ein weiterer Kritikpunkt ist die Haltung der Werbetreibenden. Da Kinder absichtlich als Zielgruppe angesprochen werden, mischen sich die Werbetreibenden in die Erziehung der Kinder ein. Die entscheidende Legitimation erzieherischen Handelns, ist das Wohl des Erziehenden (*vgl. Felser, 2007a, S. 372*). Da die Hauptziele der Werbung (siehe Kapitel 2.1.1) andere sind, fehlt nach dieser Betrachtung auch ihre Legitimation erzieherisch wirksam zu werden, also Kinderwerbung zu betreiben. Pädagogen unterscheiden bei der Erziehung in intentionale und funktionale Erziehung. Zur funktionalen Erziehung zählen Umwelteinflüsse, die ohne die Absicht zu erziehen auftreten. Dazu zählt beispielsweise ein Mann, der ohne Erziehungsabsicht, vor einem Kind bei Rot über die Ampel geht. Da sich Werbung im Kinderprogramm nicht unbeabsichtigt und beiläufig in die Erziehung einmischt, ist sie keine funktionale Erziehung mehr. Gleichzeitig erfüllt sie aber auch nicht die Kriterien einer echten intentionalen Erziehung, bei der die Förderung und das Wohl des Erziehenden im Vordergrund stehen (*vgl. Felser, 2007a, S. 373*).

Dass Kinder ein hohes Maß an Medienkompetenz besitzen, ist eine der Hauptthesen, mit der behauptet wird, die Angst vor Werbeauswirkungen bei Kindern ist unbegründet (*vgl. Nickel, 1997, S. 128ff.*). Diese These lässt sich nur anführen, wenn Kinder zwischen Werbung und Programm sauber unterscheiden können. Bei klassischen Werbeformen tritt diese Unterscheidung auch relativ früh ein, wie in Kapitel 5.4.3 bereits erwähnt wurde. Wird das Kinderprogramm allerdings mit Werbung verflochten, fällt die Unterscheidung wesentlich schwerer (*vgl. Meister und Sander, 1997, S. 52*). Kinder, vorwiegend kleine Kinder um die sechs Jahre, verbinden Werbung in erster Linie mit Fernsehen. Andere Werbeträger, wie Plakate, Zeitschriften, Kino, Internet, Radio etc. bleiben häufig außer Acht (*vgl. Böhm-Kasper und Kommer, 1997, S. 160ff.*). Vollbrecht schreibt, dass Kinder, anders als Erwachsene, zwischen der Sympathie für ein Produkt und der Sympathie für einen Werbesport, nicht unterscheiden können (*Vollbrecht, 1997, S. 70f.*).

Diese Differenzierung wird erst im jugendlichen Alter, ab dem zwölften Lebensjahr gemacht (vgl. Felser, 2007a, S. 371). Es kann davon ausgegangen werden, dass gut gemachte Werbespots, die für Kinder witzig, interessant oder unterhaltsam sind, bei ihnen eine noch größere Wirkung entfalten, als bei Erwachsenen.

Auch die These, Kinder würden früh eine kritische Distanz zur Werbung entwickeln, ist nur bedingt geeignet, um die Angst vor Werbeeinflüssen zu mildern. Zwar Stufen etwa ein Drittel der Kinder im Grundschulalter Werbung als Unglaubwürdig ein, solange die Werbung gut gemacht ist, wird sie ihre Wirkung dennoch entfalten (vgl. Böhm-Kasper und Kommer, 1997, S. 176f.). Dass Kinder ihre Beeinflussbarkeit durch Werbung unterschätzen, wie Erwachsene auch, überrascht nicht weiter, da auch auf sie das Phänomen des Dritte-Person-Effektes zutrifft. Wie in den vorigen Kapiteln erläutert wurde, lassen sich häufig die Einflüsse, die das Verhalten bestimmen, ohnehin nicht genau erkennen. Obwohl man wohl auch den meisten Erwachsenen Medienkompetenzen, die Fähigkeit das Programm von der Werbung zu trennen, ein Misstrauen gegenüber der Werbung und eine kritische Distanz zur Werbung einräumen kann, wirkt sie bei ihnen auch.

Die Einrichtung von werbefreien Zonen oder das allgemeine Verbot von gezielter Werbung für Kinder- und Jugendliche ist auch nicht ohne Einschränkungen gutzuheißen. Wird das Kind isoliert, werden auch die Möglichkeiten zur Orientierung und zum sinnvollen Umgang mit Elementen der Werbung eingeschränkt (vgl. Neuß, 2005, S. 31). Bieber-Delfosse schließt passend mit der Aussage: „Grundsätzlich ist jedes Kind Werbung in irgendeiner Form ausgesetzt. Der Umgang damit ist uns aber nicht in die Wiege gelegt, sondern die Fähigkeit, sich damit bewusst reflexiv und kompetent auseinanderzusetzen, muss erlernt und erworben werden. Illusorisch wäre es, sich heute eine Kindheit ohne Medien, ohne Fernseher oder ohne Werbung vorzustellen. Dies käme einer Bewahrpädagogik gleich, die ungenügend auf die Lebensaufgaben vorbereiten kann und am Leben vorbeizielt" (Bieber-Delfosse, 2002, S. 51).

6 Zusammenfassung, kritische Würdigung und Ausblick

Zu Beginn dieses Buches wurden allgemeine Grundlagen der Werbung und Kognitionspsychologie gelegt. Werbung wurde als eine absichtliche und zwangfreie Form der Beeinflussung definiert, welche die Menschen zur Erfüllung der Werbeziele veranlassen soll. In diesem Zusammenhang wurden die Ziele der Werbung beschrieben: Werbung versucht ein Produkt attraktiver erscheinen zu lassen, Vorzuprägen und zu Verkaufen.

Die Kognitionspsychologie beschäftigt sich mit gedanklichen Elemente, die ein Mensch über sich selbst und seine Umwelt empfinden kann. Sie lässt sich als ein Instrument der Markt- und Werbepsychologie beschreiben. Die Marktpsychologie beschreibt das Erleben und das Verhalten der Menschen im Markt, d.h. in ihrer Rolle als Anbieter und Nachfrager. Als Gründe für den Einsatz psychologischer Methoden in der Werbung lassen sich vor allem die gestiegene Wettbewerbsintensität und die Informationsüberlastung des Konsumenten nennen.

Das erste Ziel dieses Buches war es, aufzuzeigen, in welchen Formen die Werbung erscheint. Zur Beantwortung dieser Frage wurden die Werbeformen: Verkaufsförderung, Blockwerbung, Sponsoring, Product Placement, Teleshopping und Merchandising näher erklärt. In der Praxis gibt es noch zahlreiche weitere Erscheinungsformen, deren abschließende Aufzählung den Rahmen dieses Buches sprengen würde.

Mit der Einteilung des Kaufprozesses in die: Erkenntnisphase, Suchphase, Vorauswahlphase, Vertiefungsphase, Kaufentscheidungsphase, Dissonanzphase und Erfahrungsphase, wurde deutlich, dass eine Kaufentscheidung mannigfaltig beeinflusst werden kann. Die unterschiedlichen Arten von Kaufentscheidungen ergänzen dieses Bild und zeigen, dass Konsumenten unterschiedlich empfänglich für die Beeinflussungsversuche der Werbeindustrie sind.

Da das Ziel einer Beeinflussung die Veränderung eines Zustandes ist, muss zunächst bestimmt werden, was den Ur- und den Zielzustand charakterisieren. Dabei helfen Motive, denn von ihnen hängen die Bedürfnisse der Konsumenten ab. Eine erste wichtige Erkenntnis für die Beantwortung der Kernfrage dieses Buches, ob es möglich ist, mithilfe der Kognitionspsychologie Konsumenten wie Marionetten zu steuern, liefern die Motive. Werbung ist nicht in der Lage Motive, Wünsche, Bedürfnisse und Ziele zu erschaffen. Es ist also allein schon deswegen nicht möglich, Konsumenten fernzusteuern, weil die Motive, Wünsche, Bedürfnisse und Ziele im Konsumenten selbst angelegt sein müssen. Werbung ist allerdings in der Lage, diese mithilfe von Anreizen zu wecken und deren Prioritäten zu verschieben. Diese Anreize können in Form von affektiven- und kognitiven Elementen geschehen, die sich stets wechselseitig beeinflussen.

Dass Konsumenten durch subliminale Beeinflussung nicht wie Marionetten gesteuert werden können, liegt mitunter auch daran, dass ihr Einfluss nur unter ganz bestimmten Rahmenbedingungen wirkt:

1. Ein Motiv bzw. Bedürfnis muss bereits vorliegen.
2. Produkte, die mithilfe von unbemerkter Beeinflussung beworben werden, werden nur dann häufiger gewählt, wenn die Produkte auch grundsätzlich positiv bewertet werden. Die zugrundeliegende Einstellung einer Person bestimmt die Reaktion auf eine Werbebotschaft maßgeblich.
3. Eine reaktante Einstellung gegenüber der Werbung verhindert deren intendierte Wirkung und kann sogar Ablehnung hervorrufen. Der Rezipient muss also empfänglich für die Werbebotschaft sein.
4. Das Bemerken des Beeinflussungsversuches schwächt seine Wirkung auf und kann Reaktanz hervorrufen.
5. Ein hohes Involvement und eine bewusste Verhaltenskontrolle schwächen den Effekt von subliminalen Stimuli zur Beeinflussung.

Nach jüngsten Erkenntnissen ist es nicht möglich, dass eine über- oder unterschwellige Botschaft zur Ausführung eines direkten Befehles führen kann. Einen Konsumenten wie eine Marionette zu steuern, ist also nicht möglich.

Dass der Mensch nicht immer in der Lage ist, rationale Entscheidungen nach dem Modell des homo oeconomicus zu treffen, liegt an seiner begrenzte Rationalität, begrenztem Eigennutz und zahlreichen Urteilsverzerrungen. Die idealtypische Vorstellung eines homo oeconomicus kann nicht mehr aufrechterhalten werden.

In den Kapiteln vier und fünf wurde untersucht, warum Werbung trotz der Aufklärung über ihre Ziele, dennoch eine so große Wirkung erzielt.

Werbewirkungsmodelle erklären die Entstehung der Werbewirkung, sie stellen eine Grundlage für Entscheidungen der Werbegestaltung dar, sie bestimmen die geeigneten Testmethoden für die Messung von Werbewirkung und sie definieren die Werbeziele.

Ein mechanisches Werbewirkungsmodell, dass lange Zeit die Konsumentenpsychologie dominierte, ist dass der S-R-Theorie. Anhand eines Stimulus, sollte es möglich sein, bestimmte Reaktionen zu erklären. Dieses Modell wurde durch den neobehavioristischen Ansatz der S-O-R-Theorie abgelöst, die zwischen Stimulus und Reaktion, den Organismus und seine intervenierenden Variablen einsetzt.

Infolgedessen wurde auch auf das AIDA-Modell, einem hierarchischen Modell der Werbewirkung, eingegangen. Die Frage, ob es sich dabei um ein präskriptives oder ein deskriptives Modell handelt, konnte nicht abschließend beantwortet werden. Weiterhin wurden die drei Hierarchie-von-Effekten-Modelle vorgestellt, die abhängig vom Involvement und der Unterscheidbarkeit der Produktalternativen, die Reihenfolge der Sequenzen des Lernens (Kognition), der Einstellungsänderung (Affekte) und der Verhaltensänderung (Konation) beschreiben.

Lernen ist ein Prozess, der sich in der Änderung der Verhaltensmöglichkeiten einer Person ausdrückt. Koppelt man ein Verhalten an eine äußere Bedingung, spricht man von Konditionieren. Da auch Einstellungen erlernbar sind, haben die Wirkungsweisen des Lernens eine große Bedeutung für die Werbung. Es kann abgeleitet werden, dass das Anschauen von Werbung mit angenehmen Konsequenzen verbunden sein sollte. Grundsätzlich sollte sie unterhaltsam sein und nicht anstrengen. Das operante Konditionieren stellt außerdem einen guten Anhaltspunkt dar, wie Werbung nicht sein sollte. Wird Werbung aversiv wahrgenommen, beispielsweise durch hässliche oder angsteinflößende Bilder, wird der Werbekonsum „bestraft" und somit reduziert.

Das menschliche Gehirn speichert Objekte, Eigenschaften, Einstellungen, Emotionen und Bewertungen. Wie ein Rezipient eine Werbebotschaft aufnimmt, um sie anschließend verarbeiten und speichern zu können, wurde vereinfacht im Drei-Speicher-Modell des Gedächtnisses dargestellt. Dieses Modell teilt das Gehirn in einen sensorischen Speicher, einen Kurzzeit- und einen Langzeitspeicher ein. Aus dem Drei-Speicher-Modell lassen sich für die Werbung folgende Erkenntnisse ableiten:

1   Die menschliche Informationsverarbeitung ist beschränkt.
2. Die menschliche Wahrnehmung ist selektiv, da nicht alle Elemente der Umwelt wahrgenommen, geschweige denn verarbeitet werden.
3. Nur bewusste Gedanken können kommuniziert werden, latente Wünsche und Gedanken bleiben verborgen, auch bei Befragungen und Experimenten.
4. Der Prozess des Erinnerns entspricht eher einer Rekonstruktion, als dem Abrufen eines festen Abbildes. Das macht den Prozess anfällig für Beeinflussungen und Verzerrungen.
5. Die Reihenfolge der Informationsdarbietung bestimmt maßgeblich, wie gut die Informationen verarbeitet und gespeichert werden.

Bei der Untersuchung der Beeinflussbarkeit des Gehirns stellte sich heraus, dass die bloße Vorstellung, dass eine Sache so sein könnte, beinah dieselben Konsequenzen wie die ausdrückliche Erklärung, dass die Sache so ist, hat.

Wie eine Einstellungsänderung abläuft, lässt sich am Modell der Elaborationswahrscheinlichkeit ableiten. Danach kann eine Einstellungsänderung über zwei Wege geschehen. Entweder kann eine Einstellung über den zentralen Weg der Überredung verändert werden, oder die Beeinflussung verläuft über die periphere Route der Überredung. Durch das fokussieren von affektiven- bzw. kognitiven Elementen in der Werbegestaltung, können Werbetreibende einen Einfluss darauf nehmen, welche Route mit höherer Wahrscheinlichkeit Anwendung findet. Auch hier muss relativierend hinzugefügt werden, dass die Verarbeitung der Werbebotschaft maßgeblich vom subjektiven Involvement des Rezipienten abhängt.

Das Involvement beschreibt das Maß an innerer Beteiligung, sowie die Tiefe und Qualität der Informationsverarbeitung, mit der sich ein Kunde einer Werbe- und Kaufsituation zuwendet. Es kann als wichtigstes Konstrukt zur Beschreibung von Objekt-Person-Bezügen verstanden werden. Dabei wird grundsätzlich in hohes und niedriges Involvement unterschieden. Bei einem niedrigen Involvement sucht ein Konsument wenig nach Produktinformationen, ist relative gleichgültig gegenüber Preis- und Qualitätsunterschieden, emotional sehr empfänglich und besitzt eine geringe kognitive Kontrolle bei der Urteilsbildung. Dadurch ist er für automatische- und irrationale Effekten sehr anfällig und leichter zu beeinflussen.

Einer der Hauptgründe für die große Wirkung der Werbung, liegt in der Anwendung kognitionspsychologischer Methoden, zu denen im weiteren Sinne auch Emotionen gehören.

Kommunikation findet zunehmend auf der Gefühlsebene statt und ist mit der Hoffnung verbunden, dass bestimmte Emotionen auf das Produkt übertragen werden. Um die richtigen Emotionen anzusprechen ist es notwendig zu wissen, welche Emotionen bei welcher Zielgruppe angesprochen werden müssen. Dabei hilft das Emotions- und Motivationssystem der Limbic Map®.

Da der Mensch nur eine begrenzte Verarbeitungskapazität besitzt, werden Entscheidungen unter eingeschränkter Rationalität konzipiert. Dabei werden einfache Entscheidungsregeln verwendet, die Heuristiken genannt werden. Nach den Regeln der Verfügbarkeitsheuristik werden in Entscheidungssituationen vorwiegend gut verfügbare Informationen verwendet. Die Rekognitionsheuristik, eine weitere Ausprägung, wird von dem Gefühl sich zu erinnern ausgelöst. Sie weist einen binären Charakter auf. Entweder erinnert man sich, oder nicht. Das Prinzip hinter der Rekognitionsheuristik beruht darauf, dass eine Alternative gewählt wird, weil sie einem bekannt vorkommt und die anderen Alternativen unbekannt sind. Die Repräsentationsheuristik ist die dritte in diesem Buch vorgestellte Heuristik. Sie verdeutlicht, wie einige der Urteilsverzerrungen aus Unterkapitel 2.7.3, aufgrund der Missachtung statistischer Regeln, ablaufen.

Der Mere-Exposure-Effekt besagt, dass ein Reiz durch seine bloße Darbietung tendenziell positiver bewertet werden kann. Am effektivsten ist der Mere-Exposure-Effekt bei Erwachsenen, die beiläufig und nicht bewusst einen komplexen Reiz zum wiederholten Male, in unter einer Sekunde Darbietungszeit aufnehmen, an den sie sich nicht bewusst erinnern.

Kontexteffekte und das Priming machen deutlich, dass ein Urteil über einen Zielgegenstand maßgeblich davon abhängt, welchen Informationen die Person unmittelbar vor dem Urteil ausgesetzt war. Bei der Wirkung des Primings können drei Möglichkeiten unterschieden werden:

1. Die Bedeutung eines Begriffes kann verfügbar gemacht werden, sodass die spätere Informationsverarbeitung von der erhöhten Verfügbarkeit profitieren.
2. Der unterschwellige Reiz kann Motiv- und Affektzustände ansprechen. Existiert bereits ein Bedürfnis, wird es zusätzlich aktiviert.
3. Der unterschwellige Reiz kann durch eine häufige Darbietung eine positivere Affektlage gegenüber dem Reiz hervorrufen.

Die Konsistenztheorie baut darauf auf, dass Menschen Widersprüche unterschiedlicher Kognitionen vermeiden wollen. Sie streben danach Ihre Gedanken, Meinungen, Erinnerungen und Handlungen konsistent zu gestalten. Durch das Aufzeigen von Inkonsistenzen kann die Werbung so einen Anreiz schaffen, der auf eine von den Werbetreibenden gewünschte Einstellungsänderung hinausläuft.

Mithilfe von Unzugänglichkeit die Aufwertung eines Zielgegenstandes zu erreichen, stellt die Grundlage der Reaktanztheorie dar. Reaktanz ist eine motivationale Erregung mit dem Ziel, eine bedrohte, abnehmende oder gänzlich eliminierte Freiheit wiederherzustellen. Dies erreicht die Werbung durch den gezielten Einsatz von Limitierung, Exklusivität, Verbot und Zensur.

Werbemethoden und ihre Auswirkungen unter ethischen Gesichtspunkten kritisch zu betrachten, ist eines der Ziele dieses Buches. Aus diesem Grund beschäftigt sich das letzte Kapitel mit dem verantwortungsbewussten Umgang mit Elementen der Wirtschaftswerbung. Ethik kann als wissenschaftliche Lehre von der Sitte, der Moral und dem Richtigen, im Sinne von rechtem Handeln, verstanden werden. Sie fragt nach der Legitimierbarkeit normativer Vorstellungen und stellt aus ihrer Sicht handlungsleitende Prinzipien auf. Im Rahmen des Buches stellte sich heraus, dass die ethische Vertretbarkeit der Wirtschaftswerbung maßgeblich vom jeweiligen ethischen Ansatz abhängt.

Solange sich Werbung an die vorherrschenden Gesetzte hält, ist sie nach Aristoteles gerecht. Auch unter Betrachtung des teleologischen Ansatzes, insbesondere des Utilitarismus, ist Werbung durchaus ethisch vertretbar, da Wertgewinne einer Seite mit den Wertverlusten der anderen Seite ausgeglichen werden können.

Die Tugendethik bewertet nicht einzelne Handlungen von Personen, sie stellt die Frage, was einen ethisch guten Menschen ausmacht. Da die meisten Werbetreibenden mehr an Umsatzzuwächsen, als an der Bedürfnisbefriedigung interessiert sind, stehen auch hier Werbemaßnahmen in einem kritischen Licht. Durch die Einschränkung von Freiheit und Mündigkeit werden die ethischen Kriterien der Frankfurter Schule nicht erfüllt. Werbemaßnahmen werden darüber hinaus nicht nach der Maxime und unter dem Anspruch einen Gesetzgebungscharakter zu haben, erstellt. Außerdem werden Menschen im Rahmen der Beeinflussung als Mittel zum Zweck degradiert. Nach dem kategorischen Imperativ ist Werbung also in den meisten Fällen unethisch. Die in der Werbung verwendete persuasive Kommunikation wird darüber hinaus von Plato und Kant scharf kritisiert.

Ob Wirtschaftswerbung ethisch richtig ist, lässt sich nicht einwandfrei beantworten.
In jedem Fall ist Werbung unethisch, wenn die Beeinflussungsversuche die Grenze zur Manipulation überschreiten. Demnach ist subliminale Werbung, verfälschte Werbung und getarnte Werbung unethisch.

Um einen Verantwortungsbewussten Umgang mit Elementen der Beeinflussung in der Werbung zu finden, wurden folgende ethische Regeln abgeleitet:

1. Werbung muss ehrlich und wahrheitsgemäß sein.
2. Werbemaßnahmen sind als solche klar zu kennzeichnen.
3. Das Wesen des Rezipienten darf nicht manipuliert werden.
4. Werbung darf niemals die Würde von Menschen oder Tieren verletzen.
5. Werbung muss allen gesetzlichen- und selbstauferlegten Normen entsprechen.
6. Werbung muss die Regeln des fairen Wettbewerbs einhalten.
7. Werbung muss so gestaltet sein, dass sie weder anstößiges noch ungesundes Verhalten fördert oder verharmlost.
8. Werbung darf Unwissen und mangelnde Erfahrung von Konsumenten nicht ausnutzen.

Solange diese Handlungsempfehlungen im Sinne des Konsumentenschutzes eingehalten werden, kann eine Annährung von Werbung und ethisch richtigem Handeln
erreicht werden.

Das letzte Unterkapitel dieses Buches widmet sich dem Medienkonsum von Kindern
und Jugendlichen und den damit verbundenen Auswirkungen.
Mediensozialisation erklärt die Medienauswirkungen auf den Entwicklungsprozess
von Kindern- und Jugendlichen. Dabei stehen die Entstehung und Entwicklung von
Normen, Wertevorstellungen, Verhaltensweisen und Wissen im Fokus.

Im Rahmen dieses Buches wurde festgestellt, welche Ausmaße der Medienkonsum
von Kindern im Alter von sechs- bis 13 Jahren und Jugendlichen im Alter von zwölf
bis 25 Jahren angenommen hat. Dabei zeigt die Werbung als Vermittler von Men-
schen- und Weltbildern ein verzerrtes Bild der Wirklichkeit. Eine große Gefahr stellt
auch die Verbindung von Konsum- und Identität dar, die vor allem bei Jugendlichen
eine starke Ausprägung annimmt.
Um Kindern einen guten Umgang mit Werbung und materiellen Dingen zu ermöglichen, ist es unbedingt notwendig, einen reifen und kritischen Umgang mit dem
Konsum zu schulen. Nur so können kognitive- und emotionale Kompetenzen aufgebaut werden, die notwendig sind, um einen kontrollierten Umgang mit Konsumgütern
zu finden. Um dieses Ziel zu erreichen, sollte Aufklärungsarbeit betrieben, die
Widersprüche der Werbung aufzeigt und die Konsumaufforderungen relativiert
werden.

Aktuell ist die Forschung noch nicht in der Lage, die menschliche Informationsverarbeitung in ihrem gesamten Umfang zu erfassen. Eine genaue Ursachen-Wirkungs-
Prognose ist aufgrund der hohen Komplexität des Themas noch nicht möglich.
Dennoch stellt das Neuromarketing, insbesondere die Kognitionspsychologie, eine
wichtige Weiterentwicklung konventioneller Marktforschungsmethoden dar, die einen
erheblichen Wettbewerbsvorteil erzeugen kann. Kognitive Abläufe transparenter zu
Gestalten und Interdependenzen bei der Entstehung von Konsumhandlungen
herauszufinden, sind die neuen Aufgaben, denen sich die Forschung stellen muss.

Zum Abschluss dieses Buches kann resümiert werden, dass die kognitionspsychologischen Elemente der Beeinflussung maßgeblich für die Werbewirkung verantwortlich sind. Da ihre Anwendung mit einer erheblichen Verantwortung einhergeht, bedarf
sie jedoch einer ethischen Führung.

Literaturverzeichnis

ARD-WERBUNG SALES & SERVICES, © 2015. ARD/ZDF-Onlinestudie 2015. In: *Media Perspektiven* [online]. **9**, S. 416-417 [Zugriff am: 28.08.2016]. Verfügbar unter: http://www.ard-zdf-onlinestudie.de/fileadmin/Onlinestudie_2015/0915_Statistik.pdf

ARONOFF, Joel, Andrew M. BARCLAY und Linda A. STEVENSON, 1988. The recognition of threatening facial stimuli. In: *Journal of Personality and Social Psychology.* **54**, S. 647-655.

ARONSON, Elliot, 1992. The Return of the Repressed: Dissonance Theory Makes a Comeback. In: *Psychological Inquiry.* **3**, S. 303-311.

ATKINSON, Richard C. und Richard M. SHIFFRIN, 1971. The control process of short-term memory. In: *Scientific American*, **224**, S. 82-90.

BAACKE, Dieter, Uwe SANDER und Ralf VOLLBRECHT, 1993. *Kinder und Werbung.* Stuttgart: Kohlhammer. Schriftenreihe des Bundesministeriums für Frauen und Jugend. 12.

BAACKE, Dieter, Wilfried FERCHHOFF und Ralf VOLLBRECHT, 1997. Kinder und Jugendliche in medialen Welten und Netzen. Prozesse der Mediensozialisation. In: Jürgen FRITZ und Wolfgang FEHR, Hrsg. *Handbuch Medien: Computerspiele.* Bonn: Bundeszentrale für politische Bildung, S. 31-57.

BADDELEY, Alan und Graham HITCH, 1974. Working memory. In: Gordon H. BOWER, Hrsg. *The Psychology of Learning and Motivation.* New York: Academic Press, S. 47-89.

BAKER, William, 1993. The relevance accessibility model of advertising effectiveness. In: Andrew A. MITCHELL, Hrsg. *Advertising, exposure, and choice.* Hillsdale, New Jersey: Erlbaum, S. 49-88.

BARGH, John. A., 1996. Automaticity in social psychology. In: E. Tory HIGGINS und Arie W. KRUGLANSKI, Hrsg. *Social Psychology: Handbook of Basic Principles.* New York: The Guilford Press, S. 169-183.

BARGH, John A., 2002. Reflections and Reviews – Losing Consciousness: Automatic Influences on Consumer Judgment, Behavior, and Motivation. In: Journal of Consumer Research, 29, S. 280-285.

BAUER, Florian, 2000. *Die Psychologie der Preisstruktur: Entwicklung der „Entscheidungspsychologischen Preisstrukturgestaltung" zur Erklärung und Vorhersage nicht-normativer Einflüsse der Preisstruktur auf die Kaufentscheidung* [Dissertation]. Technische Universität Darmstadt. München: CS Press.

BAZERMAN, Max H. und Dolly CHUGH, 2006. Bounded Awareness: Focusing Failures in Negotiation, In: Leigh L. THOMPSON, Hrsg. *Negotiation Theory and Research*. New York: Psychology Press, S. 7-26.

BEHRENS, Karl-Christian, 1975. *Handbuch der Werbung: mit programmierten Fragen und praktischen Beispielen von Werbefeldzügen*. 2. Auflage. Wiesbaden: Gabler.

BIEBER-DELFOSSE, Gabrielle, 2002. *Vom Medienkind zum Kinderstar: Einfluss- und Wirkfaktoren auf Vorstellungen und Prozesse des Erwachsenwerdens* [Dissertation]. Universität Zürich. Opladen: Leske + Budrich.

BIERHOFF, Hans-Werner, 2000. *Sozialpsychologie – Ein Lehrbuch*. 5. Auflage. Stuttgart: Kohlhammer.

BÖHME-DÜRR, Karin, 2000. Fernsehen als Ersatzwelt: Zur Realitätsorientierung von Kindern. In: Siegfried HOPPE-GRAFF und Rolf OERTER, Hrsg. *Spielen und Fernsehen: Über die Zusammenhänge von Spiel und Medien in der Welt des Kindes*. Weinheim: Juventa, S. 133-154.

BÖHM-KASPER, Oliver und Sven KOMMER, 1997. Kinder und Werbung. Ausgewählte Ergebnisse eines Forschungsprojektes. In: Dorothee M. MEISTER und Uwe SANDER, Hrsg. *Kinderalltag und Werbung: zwischen Manipulation und Faszination*. Neuwied: Luchterhand, S.166-185.

BOHRMANN, Thomas, 1997. *Ethik – Werbung – Mediengewalt: Werbung im Umfeld von Gewalt im Fernsehen; eine sozialethische Programmatik*. München: Fischer.

BORNSTEIN, Robert F., 1989a. Exposure and affect: Overview and meta-analysis of research, 1968-1987. In: *Psychological Bulletin*, **106**, S. 265-289.

BORNSTEIN, Robert F., 1989b. Subliminal techniques as propaganda tools: Review and critique. In: *The Journal of Mind and Behavior*, **10**, S. 231-262.

BOSS, Michael A., 1976. *Unternehmenspolitische und gesellschaftliche Konsequenzen einer staatlich verordneten Einschränkung der Werbung*. Berlin: Duncker & Humblot. Schriften zum Marketing. 3.

BOTTLER, Stefan, 1995. „Zeigen Sie den Vogel". In: *werben und verkaufen*, **28**, S. 52-55.

BRAUN, Kathryn A. und Elizabeth F. LOFTUS, 1998. Advertising's Misinformation Effect. In: *Applied Cognitive Psychology*, **12**, S. 569-591.

BREDENKAMP, Jürgen und Werner WIPPICH, 1977a. *Lern- und Gedächtnispsychologie*. Stuttgart: Kohlhammer. Kohlhammer Standards Psychologie. 1.

BREDENKAMP, Jürgen und Werner WIPPICH, 1977b. *Lern- und Gedächtnispsychologie*. Stuttgart: Kohlhammer. Kohlhammer Standards Psychologie. 2.

BRENDL, Miguel C., Arthur B. MARKMAN und Tory E. HIGGINS, 1998. Mentale Kontoführung als Selbstregulierung: Repräsentativität für zielgerichtete Kategorien. In: *Zeitschrift für Sozialpsychologie*, **29**, S. 89-104.

BROWNE, Beverly A., 1998. Gender stereotypes in advertising and children's television in the 1990s: A cross-national analysis. In: *Journal of Advertising*, **27**, S. 83-96.

BRUTON, James, 2011. *Unternehmensstrategie und Verantwortung: Wie ethisches Handeln Wettbewerbsvorteile verschafft*. Berlin: Erich Schmidt.

CAREY, Ronald J., Stephen H. CLICQUE, Barbara A. LEIGHTON und Frank MILTON, 1976. A Test of Positive Reinforcement of Customers. In: *Journal of Marketing*, **40**, S. 98-100.

CESARIO, Joseph, Jason E. PLAKS und E. Tory HIGGINS, 2006. Automatical Social Behavior as Motivated Preperation to Interact. In: *Journal of Personality and Social Psychology*, **90**, S. 893-910.

CHARLTON, Michael, Klaus NEUMANN-BRAUN, Stefan AUFENANGER und Wolfgang HOFFMANN-RIEM, 1995. *Fernsehwerbung und Kinder: Das Werbeangebot in der Bundesrepublik und seine Verarbeitung durch Kinder*. Opladen: Leske + Budrich. Rezeptionsanalyse und rechtliche Rahmenbedingungen. 2.

CHARTRAND, Tanya L., Amy N. DALTON und Gavan J. Fitzsimons, 2007. Nonconscious relationship reactance: When significant others prime opposing goals. In: *Journal of Experimental Social Psychology*, **43**, S. 719-726.

CHRYSSIDES, George D. und John H. KALER, 1996. *Essentials of Business Ethics*. Berkshire: McGraw-Hill.

CIALDINI, Robert B., 1993. *Influence – Science and Practice*. 3. Auflage. New York: Harper Collins.

CLEE, Mona A. und Robert A. WICKLUND, 1980. Consumer Behavior and Psychological Reactance. In: *Journal of Consumer Research*, **6**, S. 389-405.

DAVIES, Elizabeth und Adrian FURNHAM, 1986. Body satisfaction in adolescent girls. In: *British Journal of Medical Psychology*, **59**, S. 279-287.

DE HOUWER, Jan, Sarah THOMAS und Frank BAEYENS, 2001. Associative Learning of Likes and Dislikes: A Review of 25 Years of Research on Human Evaluative Conditioning. In: *Psychological Bulletin*, **127**, S. 853-869.

DEUTSCHE GESELLSCHAFT FÜR KINDER- UND JUGENDMEDIZIN E.V., 2010. *Werbung schauen macht Kinder dick* [online]. *Kinderärzte fordern Werbebeschränkungen*. Berlin: Deutsche Gesellschaft für Kinder- und Jugendmedizin e.V. [Zugriff am: 26.08.2016]. Verfügbar unter: http://www.dgkj.de/presse/meldung/meldungsdetail/werbung_schauen_macht_kinder_dick_kinderaerzte_fordern_werbebeschraenkungen/

DEUTSCHE SHELL HOLDING GMBH, 2015. *17. Shell-Jugendstudie 2015* [online]. Hamburg: Deutsche Shell Holding GmbH [Zugriff am: 28.08.2016). PDF. Verfügbar unter: http://www.shell.de/ueber-uns/die-shell-jugendstudie/multimediale-inhalte/_jcr_content/par/expandablelist_643445253/expandablesection_1535413918.stream/1456210063290/ace911f9c64611b0778463195dcc5daaa039202e320fae9cea34279238333aa4/shell-jugendstudie-2015-zusammenfassung-de.pdf

DROSDEK, Andreas, 2005. *Die wichtigsten Philosophen für Manager*. Frankfurt: Campus-Verlag. Handelsblatt Management Bibliothek: Das aktuelle Wissen in 12 Bänden. 7.

EGERMANN, Hauke, Reinhard KOPIEZ und Christoph REUTER, 2006. Is there an effect of subliminal messages in music on choice behavior?. In: *Journal of Articles in Support of the Null Hypothesis*, **4**, S. 29-45.

EHM, Peter, 1995. Großer Wurf mit Database. In: *werben & verkaufen*, **27**, S. 130-133.

ENGELHARDT, Alexander von, 1999. *Werbewirkungsmessung: Hintergründe, Methoden, Möglichkeiten und Grenzen*, München: Reinhard Fischer. Angewandte Medienforschung. 11.

FAHR, Andreas, 1996. Neue Formen der Fernsehwerbung: Die Wirkung von Tandemspots. In: *Experimentelle Psychologie. Beiträge zur 38. Tagung experimentell arbeitender Psychologen. Beiträge zur DGMF Tagung Medienpsychologie – Medienwirkungsforschung*. Eichstätt, 1.-4. April 1996. Lengerich: Pabst Science Publishers, S. 70-71.

FAZIO, Russell H., Edwin A. EFFREIN und Victoria J. FALENDER, 1981. Self-perception following social interaction. In: *Journal of Personality and Social Psychology*, **41**, S. 232-242.

FELSER, Georg, 2007a. *Werbe- und Konsumentenpsychologie*. 3. Auflage. Berlin: Springer-Verlag.

FELSER, Georg, 2007b. Werbung/Marketing und Kommunikation. In: Lutz von ROSENSTIEL und Dieter FREY, Hrsg. *Marktpsychologie*. Göttingen: Hogrefe Verlag, S. 419-474. Enzyklopädie der Psychologie. 5.

FELSER, Georg, 2015. *Werbe- und Konsumentenpsychologie*. 4. Auflage. Berlin: Springer-Verlag.

FERRARO, Rosellina, Tanya L. CHARTRAND und Gavan J. FITZSIMONS, 2009. The effects of incidental brand exposure on consumption. In: Bernd H. SCHMITT und David L. ROGERS, Hrsg. *Handbook on Brand and Experience Management*. Cheltenham: Edward Elgar, S. 163-173.

FLORACK, Arnd und Martin SCARABIS, 2002. Psychologie der Werbung: Subtile Mächte. In: *Gehirn & Geist*, **1**, S. 26-35.

FREY, Bruno und Matthias BENZ, 2007. Die psychologischen Grundlagen des Marktmodells (homo oeconomicus). In: Lutz von ROSENSTIEL und Dieter FREY, Hrsg. *Marktpsychologie*. Göttingen: Hogrefe Verlag, S. 1-26. Enzyklopädie der Psychologie. 5.

FRISKE, Cindy, Elmar BARTSCH und Wilhelm SCHMEISSER, 2005. *Einführung in die Unternehmensethik: Erste theoretische, normative und praktische Aspekte: Lehrbuch für Studium und Praxis*. München: Hampp.

GEEN, Russell. G., 1995. *Human motivation: A social psychological approach*. Pacific Grove (CA): Brooks/Cole Publishing Company.

GERBNER, George, Larry GROSS, Michael MORGEN und Nancy SIGNORIELLI, 1986. Living with television: The dynamics of the cultivation process. In: Jennings BRYANT und Doli ZILLMAN, Hrsg. *Perspectives on the media effects*. Hillsdale, New Jersey: Erlbaum, S. 17-40.

GIGERENZER, Gerd und Daniel G. GOLDSTEIN, 1999. Betting on one good reason. The take the best heuristic. In: Gerd GIGERENZER, Peter M. TODD und the ABC Research Group, Hrsg. *Simple Heuristics that make us smart*. New York: Oxford University Press, S. 75-95.

GIGERENZER, Gerd und Peter M. TODD, 1999. Fast and frugal heuristics: The adaptive toolbox. In: Gerd GIGERENZER, Peter M. TODD und the ABC Research Group, Hrsg. *Simple Heuristics that make us smart*. New York: Oxford University Press, S. 3-34.

GNIECH, Gisela und Dorothee DICKENBERGER, 1997. Reaktanz. In: Dieter FREY und Siegried GREIF, Hrsg. *Sozialpsychologie*. 4. Auflage. Weinheim: Psychologie Verlags Union, S. 259-262.

GOLDBERG, Marvin E., Gerald J. GORN, Laura A. PERACCHIO und Gary BAMOSSY, 2003. Understanding materialism among youth. In: *Journal of Consumer Psychology*, **13**, S. 278-288.

GOLDSTEIN, Daniel G. und Gerd GIGERENZER, 1999. The recognition heuristics: How ignorance makes us smart. In: Gerd GIGERENZER, Peter M. TODD und the ABC Research Group, Hrsg. *Simple Heuristics that make us smart*. New York: Oxford University Press, S. 37-58.

GOLLWITZER, Peter M. und Robert A. WICKLUND, 1985. The pursuit of self-defining goals. In: Julius KUHL und Jürgen BECKMANN, Hrsg. *Action control: From cognition to behavior*. Berlin: Springer, S. 61-85.

GRAAP, Torsten, 2015. *Nachhaltigkeitsethik in Unternehmen: Notwendigkeit, betriebswirtschaftliche Neoklassikkritik, Ansatz und Entwicklungschancen aus Sicht der Nachhaltigen Ökonomie*, Ingolstadt: Technische Hochschule Ingolstadt

GREENWALD, Anthony G., Eric R. SPANGENBERG, Anthony R. PRATKANIS und Jay ESKENAZI, 1991. Double-blind tests of subliminal self-help audiotapes. In: *Psychological Science*, **2**, S. 119-122.

GRIFFIN-MASON, Josanne, 2015. *PSYCHOLOGY FOR MARKETERS: SERIAL POSITION EFFECT* [online]. London: Plug and Play Design Ltd [Zugriff am: 28.08.2016]. Verfügbar unter: http://www.plugandplaydesign.co.uk/engage/psychology-marketers-serial-position-effect/

HÄUSEL, Hans-Georg, 2004. *Brain Script: Warum Kunden kaufen*. Freiburg: Haufe.

HÄUSEL, Hans-Georg, 2007. *Neuromarketing: Erkenntnisse der Hirnforschung für Markenführung, Werbung und Verkauf*. Freiburg: Haufe.

HÄUSEL, Hans-Georg, © 2016. *Limbic®* [online]. München: Hans-Georg Häusel [Zugriff am: 28.08.2016]. Verfügbar unter: http://www.haeusel.com/limbic/

HALLER, Thomas F., 1974. What students think of advertising. In: *Journal of Advertising Research*, **14**, S. 33-38.

HARTLEBEN, Ralph, 2001. *Werbekonzeption und Briefing: Ein praktischer Leitfaden zum Erstellen zielgruppenspezifischer Werbe- und Kommunikationskonzepte*. Erlangen: Publicis Corporate Publishing.

HARTUNG, Johanna, 2000. *Sozialpsychologie*. Stuttgart: Kohlhammer.

HERMANNS, Arnold, 1979. *Konsument und Werbewirkung: Das phasenorientierte Werbewirkungsmodell*. Bielefeld: Gieseking.

HERMANNS, Arnold, Stephanie C. KIENDL und Tanja RINGLE, 2007. Die Bedeutung des Sponsorings für die Marktführung. In: Arnd FLORACK, Martin SCARABIS und Ernst PRIMOSCH, Hrsg. *Psychologie der Marktführung*. München: Vahlen, S. 393-406.

HOMANN, Karl und Christoph LÜTGE, 2005. *Einführung in die Wirtschaftsethik*. 2. Auflage. Münster: LIT-Verlag.

HUSTON, Aletha, 1995. Fiktion und Realität im Fernsehen: Wie Kinder die Unterschiede wahrnehmen und verstehen. In: Bodo FRANZMANN, Werner D. FRÖHLICH, Hilmar HOFFMANN, Balz SPÖRRI und Rolf ZITZLSPERGER, Hrsg. *Auf den Schultern von Gutenberg: Medienökonomische Perspektiven der Fernsehgesellschaft*. Berlin: Quintessenz, S. 34-58.

JACOBY Larry L. und Colleen KELLEY, 1992. Unconscious influences of memory. In: Anthony D. MILNER und Michael D. RUGG, Hrsg. *The neuropsychology of consciousness*. London: Academic Press, S. 201-233.

JÄGER, J. E., 1995. Flurbereinigung mit Folgen. In: *werben & verkaufen*, **27**, S. 114-118.

JOSEPHSON, Michael, 2014. Teaching Ethical Decision Making and Principled Reasoning. In: Michael W. HOFFMAN, Robert E. FREDERICK und Mark S. SCHWARTZ, Hrsg. *Business Ethics: Readings and Cases in Corporate Morality*. 5. Auflage. Chichester: Wiley-Blackwell, S. 78-85.

JUNGERMANN Helmut, Hans R. PFISTER und Katrin FISCHER, 2005. *Die Psychologie der Entscheidung: Eine Einführung*. 2. Auflage. Heidelberg: Spektrum Akademischer Verlag.

KAHNEMAN, Daniel und Amos TVERSKY, 1972. Subjective probability: A Judgement of Representativeness. In: *Cognitive Psychology*, **3**, S. 430-454.

KAHNEMAN, Daniel und Amos TVERSKY, 1983. Extensional Versus Intuitive Reasoning: The Conjunction Fallacy in Probability Judgment. In: *Psychological Review*, **90**, S. 297-298.

KANT, Immanuel, 1968. Grundlegung zur Metaphysik der Sitten: Metaphysische Anfangsgründe der Naturwissenschaften. In: Walter de Gruyter, Hrsg. *Kants Werke: Akademie Textausgabe*. Berlin: De Gruyter Mouton, S. 385-464.

KANT, Immanuel, 1999. Was ist Aufklärung?: Ausgewählte kleine Schriften. In: Horst D. BRANDT, Hrsg. *Was ist Aufklärung?: Ausgewählte kleine Schriften.* Hamburg: Felix Meiner, S. 3-77.

KARREMANS, Johan C., Wolfgang STROEBE undJasper CLAUS, 2006. Beyond Vicary's fantasies: The impact of subliminal priming and brand choice. In: *Journal of Experimental Social Psychology*, **42**, S. 792-798.

KIRICHUK, Inna, 2008. *Was Kunden wirklich wollen: Neuromarketing- Hirnforschung für mehr Kundenkenntnis.* Marburg: Tectum Verlag.

KLUSENDICK, Maria, 2007. Kognitionspsychologie: Einblicke in mentale Prozesse. In: Gabriele NADERER und Eva BALZER, Hrsg. *Qualitative Marktforschung in Theorie und Praxis: Grundlagen, Methoden und Anwendungen.* Wiesbaden: Gabler, S. 103-118.

KOTLER, Philip und Friedhelm W. BLIEMEL, 1995. *Marketing-Management.* 8. Auflage. Stuttgart: Schaeffer-Poeschel.

KOTLER, Philip, Kevin L. KELLER und Friedhelm W. BLIEMEL, 2007. *Marketing-Management: Strategien für wertschaffendes Handeln.* München: Pearson Studium.

KORFF, Wilhelm, Alois BAUMGARTNER, Hermann FRANZ, Joachim GENOSKO, Karl HOMANN, Christian KIRCHNER et al., 1999. *Ethik wirtschaftlichen Handelns.* Gütersloh: Gütersloher Verlagshaus. Handbuch der Wirtschaftsethik, 3.

KREIKEBAUM, Hartmut, 1996. *Grundlagen der Unternehmensethik.* Stuttgart: Schäffel-Poeschel.

KROEBER-RIEL, Werner und Gundolf MEYER-HENTSCHEL, 1982. *Werbung: Steuerung des Konsumentenverhaltens.* Würzburg: Physica. Konsum und Verhalten. 1.

KROEBER-RIEL, Werner, 1992. *Konsumentenverhalten.* 5. Auflage. München: Vahlen.

KROEBER-RIEL, Werner, 1993. *Bildkommunikation. Imagerystrategien für die Werbung.* München: Valhen.

KROEBER-RIEL, Werner und Franz R. ESCH, 2000. *Strategie und Technik der Werbung: Verhaltenswissenschaftliche Ansätze.* 5. Auflage. Stuttgart: Kohlhammer.

KROEBER-RIEL, Werner und Peter WEINBERG, 2003. *Konsumentenverhalten*. 8. Auflage. München: Vahlen.

KRUGLANSKI, Arie W., Tali FREUND und Daniel BAR-TAL, 1996. Motivational Effects in the Mere Exposure Paradigm. In: *European Journal of Social Psychology*, **26**, S. 479-499.

KRUGMAN, Herbert E., 1962. An application of learning theory to TV copy testing. In: *Public Opinion Quarterly*, **26**, S. 626-634.

KUß, Alfred und Torsten TOMCZAK, 2007. *Käuferverhalten: Eine marketingorientierte Einführung*. 4. Auflage. Stuttgart: Lucius & Lucius.

LACHMANN, Ulrich, 2003. *Wahrnehmung und Gestaltung von Werbung*, 2. Auflage. Hamburg: Gruner Jahr.

LASSWELL, Harold D., 1960. The Structure and Function of Communication in Society. In: Wilbur SCHRAMM, Hrsg. *Mass Communications*. Urbana: University of Illinois Press, S. 117-130.

LEBOK, Uwe und Ralph OHNEMUS, 2006. AIDA Kills Advertising stars!: mit neuem Emotionsverständnis zu erfolgreicher Werbung!. In: *planung&analyse,* **6**, S. 42-47.

LEIBERICH, Peter, 1981. Die Werbung als Kommunikationssystem. In: Bruno TIETZ, Hrsg. *Die Werbung: Handbuch der Kommunikations- und Werbewirtschaft*. Landsberg am Lech: Moderne Industrie, S. 171-190. Rahmenbedingungen, Sachgebiete und Methoden der Kommunikation und Werbung. 1.

LOEWENSTEIN, George F. und Samuel ISSACHAROFF, 1994. Source Dependence in the Valuation of Objects. In: *Journal of Behavioral Decision Making*, **7**, S. 157-168.

MARTIN, Leonard L., John J. SETA und Rick A. CRELIA, 1990. Assimilation and contrast as a function of people's willingness and ability to expend effort in forming an impression. In: *Journal of Personality and Social Psychology*, **59**, S. 27-37.

MARTIN, Mary C. und Patricia F. KENNEDY, 1993. Advertising and social comparison: Consequences for female preadolescents and adolescents. In: *Psychology and Marketing*, **10**, S. 513-530.

MEDIENPÄDAGOGISCHER FORSCHUNGSVERBUND SÜDWEST, 2014. *KIM-Studie 2014* [online]. *Kinder + Medien, Computer + Internet: Basisuntersuchung zum Medienumgang 6- bis 13-Jähriger in Deutschland.* Stuttgart: Medienpädagogischer Forschungsverbund Südwest [Zugriff am: 28.08.2016]. Verfügbar unter: http://www.mpfs.de/fileadmin/KIM-pdf14/KIM14.pdf

MEDIENPÄDAGOGISCHER FORSCHUNGSVERBUND SÜDWEST, 2015. *JIM-Studie 2015* [online]. Jugend, Information, (Multi-) Media: *Basisstudie zum Medienumgang 12- bis 19-Jähriger in Deutschland.* Stuttgart: Medienpädagogischer Forschungsverbund Südwest [Zugriff am: 28.08.2016]. Verfügbar unter: http://www.mpfs.de/fileadmin/JIM-pdf15/JIM_2015.pdf

MEISTER, Dorothee M. und Uwe SANDER, 1997. Kinder und Werbewirkung. Ein Plädoyer für einen erweiterten Wirkungsbegriff. In: Dorothee M. MEISTER und Uwe SANDER, Hrsg. *Kinderalltag und Werbung. Zwischen Manipulation und Faszination.* Neuwied: Luchterhand, S. 45-60.

MEYER-HENTSCHEL, Gundolf, 1993. *Erfolgreiche Anzeigen: Kriterien und Beispiele zur Beurteilung und Gestaltung.* 2. Auflage. Wiesbaden: Gabler.

MILGRAM, Stanley, 1965. Some Conditions of Obedience and Disobedience to Authority. In: *Human Relations*, **18**, S. 57-76.

MILLER, George A., 1956. The Magic Number Seven, Plus or Minus Two: Some Limits on Our Capacity for Processing Information. In: *Psychological Review*, **63**, S. 81-97.

MOORE, Timothy E., 1982. Subliminal advertising: What you see is what you get. In: *Journal of Marketing*, **46**, S. 38-47.

MOSER, Klaus, 1997. Modelle der Werbewirkung. In: *Jahrbuch der Absatz- und Verbrauchsforschung*, **43**, S. 270-284.

MOSER, Klaus und Guido HERTEL, 1998. Der Dritte-Person-Effekt in der Werbung. In: *Zeitschrift für Sozialpsychologie*, **29**, S. 147-155.

MOSER, Klaus, 2002. *Markt- und Werbepsychologie: Ein Lehrbuch.* Göttingen: Hogrefe.

MOWEN, John C. und Michael MINOR, 1998. *Consumer Behavior.* (5. Auflage). New Jersey: Prentice-Hall.

MÜHLBACHER, Hans, 1982. *Selektive Werbung.* Linz: Rudolf Trauner.

MÜLLER, Melissa, 1997. *Die kleinen Könige der Warenwelt: Kinder im Visier der Werbung.* Frankfurt: Campus Verlag.

NASH, John F., 1950. The Bargaining Problem. In: *Econometrica*, **18**, S. 155-162.

NEUß, Norbert, 2005. Medienpädagogische Ansätze zur Stärkung der Verbraucher- und Werbekompetenz, In: *merz. medien + erziehung*, **49**, S. 31-36.

NICKEL, Volker, 1997. Manipulation oder Markenkommunikation? Kinder als An- sprechpartner der Wirtschaft. In: Dorothee M. MEISTER und Uwe SANDER, Hrsg. *Kinderalltag und Werbung. Zwischen Manipulation und Faszination*. Neuwied: Luchterhand, S. 125-137.

NISBETT, Richard E. und Timothy D. WILSON, 1977. The Halo Effect: Evidence for Unconscious Alteration of Judgments. In: *Journal of Personality and Social Psychology*, **35**, S. 250-256.

NISBETT, Richard E., Henry ZUIKER und Ronald E. LEMLEY, 1981. The Dilution Effect: Nondiagnostic Information Weakens the Implications of Diagnostic In- formation. In: *Cognitive Psychology*, **13**, S. 248-277.

NIELSEN COMPANY GMBH, 2016. *Werbemarkt 2015 verzeichnete ein Plus von 3,5%* [online]. Frankfurt: Nielsen Company GmbH [Zugriff am 28.08.2016]. Verfügbar unter: http://www.nielsen.com/de/de/press-room/2016/Werbemarkt-2015-verzeichnete-ein-Plus.html

NORTHCRAFT, Gregory B. und Margaret A. NEALE, 1987. Experts, Amateurs, and Real Estate: An Anchoring-and-Adjustment Perspective on Property Pricing Decisions. In: *Organizational Behavior and Human Decision Processes*, **39**, S. 84-97.

O'CASS, Aron, 2000. An assessment of consumers product, purchase decision, advertising and consumption involvement in fashion clothing. In: *Journal of Economic Psychology*, **21**, S. 545-576.

OERTER, Rolf. Sozialisation, Entkulturation und Konsum. In: Lutz von ROSENSTIEL und Dieter FREY, Hrsg. *Marktpsychologie*. Göttingen: Hogrefe Verlag, S. 559-604. Enzyklopädie der Psychologie. 5.

O'SHAUGHNESSY, John, 1987. *Why people buy*. New York: Oxford University Press.

PERFECT, Timothy. J. und Christine ASKEW, 1994. Print adverts: Not remembered but memorable. In: *Applied Cognitive Psychology*, **8**, S. 693-703.

PERLOFF, Richard M., 2010. *The Dynamics of Persuasion*: Communication and Attitudes in the 21st Century. 4. Auflage. New York: Routledge.

PETTY, Richard E. und John T. CACIOPPO, 1979. Effect of forewarning of persuasive intent and involvement on cognitive response and persuasion. In: *Personality and Social Psychology Bulletin*, **5**, S. 173-176.

PETTY, Richard E. und John T. CACIOPPO, 1986. *Communication and persuasion: Central and peripheral routes to attitude change*. New York: Springer.

PHELPS, Elizabeth A., 2006. Emotion and Cognition: Insights from Studies of the Human Amygdala. In: *Annual Review of Psychology*, **57**, S. 27-53.

POSTMAN, Neil, 1987. *Das Verschwinden der Kindheit*. Frankfurt: Fischer.

PRATKANIS, Anthony R. und Elliot ARONSON, 1992. *Age of propaganda: The Everyday Use and Abuse of Persuasion*. New York: W. H. Freeman and Company.

RAAB, Gerhard und Fritz UNGER, 2001. *Marktpsychologie: Grundlagen und Anwendung*. Wiesbaden: Gabler.

RATH, Matthias, 2000. *Medienethik und Medienwirkungsforschung*. Wiesbaden: Spingen.

RESCORLA, Robert A., 1988. Pavlovian conditioning: It's not what you think it is. In: *American Psychologist*, **43**, S. 151-160.

RICHINS, Marsha L., 1991. Social Comparison and the Idealized Images of Advertising. In: *Journal of Consumer Research*, **18**, S. 71-83.

RIPPEL, Kurt, 1990. Grundlagen der Werbung. In: Ludwig G. POTH und andere, Hrsg. *Praktisches Lehrbuch der Werbung*. Berlin: Die Wirtschaft / Moderne Industrie, S. 37-72.

RONNEBERGER, Franz, 1971. *Sozialisation durch Massenkommunikation*. Stuttgart: Enke. Der Mensch als soziales und personales Wesen. 4.

ROSCH, Marita und Dieter FREY, 1997. Soziale Einstellungen. In: Dieter FREY und Siegfried GREIF, Hrsg. *Sozialpsychologie: Ein Handbuch in Schlüsselbegriffen*. 4. Auflage. Weinheim: Psychologie Verlags Union, S. 296-305.

ROSENBERG, Milton, J., 1960. An Analysis of Affective-Cognitive Consistency. In: Carl I. HOVLAND und Milton J. ROSENBERG, Hrsg. *Attitude Organization and Change*, New Haven: Yale University Press. S. 15-64.

ROSENSTIEL, Lutz von und Guntram EWALD, 1979. *Konsumentenverhalten und Kaufentscheidung*. Stuttgart: Kohlhammer. Marktpsychologie. 1.

ROSENSTIEL, Lutz von und Peter NEUMANN, 1982. *Einführung in die Markt- und Werbepsychologie*. Darmstadt: Wissenschaftliche Buchgesellschaft.

ROSENSTIEL, Lutz von und Peter NEUMANN, 2002. *Marktpsychologie: Ein Handbuch für Studium und Praxis*. Darmstadt: Primus Verlag.

ROTHERMUND, Klaus, 2003. Rationalität und Kooperation. In: Klaus ROTHERMUND, Hrsg. *Gute Gründe: Zur Bedeutung der Vernunft für die Praxis*. Stuttgart: Kohlhammer. S. 29-47.

RIPPEL, Kurt, 1990. Grundlagen der Werbung. In: Ludwig G. POTH und andere, Hrsg. *Praktisches Lehrbuch der Werbung*. Berlin: Die Wirtschaft / Moderne Industrie, S. 37-72.

SCARABIS, Martin, Arnd FLORACK und Stephanie GOSEJOHANN, 2006. When consumers follow their feelings: The impact of affective or cognitive focus on the basis of consumers choice. In: *Psychology & Marketing*, **23**, S. 1015-1034.

SCHACHTER, Stanley und Jerome E. SINGER, 1962. Cognitive, social and physiological determinants of emotional state. In: *Psychological Review*, **69**, S. 379-399.

SCHEIER, Christian und Dirk HELD, 2012. *Wie Werbung wirkt: Erkenntnisse des Neuromarketings*. 2. Auflage, München: Haufe.

SCHIMANSKY, Alexander, 1999. Ist Fernsehwerbung noch zu retten? Die Werbespotqualität als Ursache von Fernsehwerbevermeidung. In: M. FRIEDRICHSEN und S. JENZOWSKY, Hrsg. *Fernsehwerbung: Theoretische Analysen und empirische Befunde*. Opladen: Westdeutscher Verlag. S. 121-146.

SCHÜRMANN, Uwe, 1993. *Erfolgsfaktoren der Werbung im Produktlebenszyklus: Ein Beitrag zur Werbewirkungsforschung*, Frankfurt: Lang.

SCHWARZ, Norbert und Herbert BLESS, 1992. Constructing Reality and its Alternatives: An Inclusion/ Exclusion Model of Assimilation and Contrast Effects in Social Judgment. In: Leonard L. MARTIN und Abraham TESSER, Hrsg. *The construction of social judgments*. Hillsdale, New Jersey: Psychology Press, S. 217-245.

SEEBORN, Joachim, 1999. *Gabler Kompakt Lexikon Werbepraxis: 1.400 Begriffe nachschlagen, verstehen, anwenden*. Wiesbaden: Gabler.

SHAPIRO, Stewart, Deborah J. MACINNIS und Susan E. HECKLER, 1997. The effects of incidental and exposure and the formation of consideration sets. In: *Journal of Consumer Research*, **24**, S. 94-104.

SHIV, Baba und Alexander FEDORIKHIN, 1999. Heart and mind in conflict: The interplay of affect and cognition in consumer decision making. In: *Journal of Consumer Research.*, **26**, S. 278-292.

SIX, Ulrike, 2008. Medien und Entwicklung. In: Rolf OERTER und Leo MONTADA, Hrsg. *Entwicklungspsychologie*. 6. Auflage. Weinheim: Beltz Psychologie Verlags Union, S. 885-909.

SORELL, Tom und John HENDRY, 1998. Business Ethics. 3. Auflage, Oxford: Butterworth-Heinemann.

SPANIER, Julia, 2000. *Werbewirkungsforschung und Mediaentscheidung: Förderung des Informationstransfers zwischen Wissenschaft und Praxis.* München: Reinhard Fischer. Angewandte Medienforschung. 13.

SPERLING, George, 1960. The information that is available in brief visual presentations. In: *Psychological Monographs*, **74**, S. 1-29.

SPITZER, Manfred, 2007. Vorsicht Bildschirm!: Elektronische Medien, Gehirnentwicklung, Gesundheit und Gesellschaft. 4. Auflage. München: Deutscher Taschenbuchverlag.

STAATS, Arthur W. und Carolyn K. STAATS, 1958. Attitudes established by classical conditioning. In: *Journal of Abnormal and Social Psychology*, **57**, S. 37-40.

STAHLBERG, Dagmar und Dieter FREY, 1990. Einstellungen I: Struktur, Messung und Funktionen. In: Wolfgang STROEBE, Miles HEWSTONE, Jean-Paul CODOL und Geoffrey M. STEPHENSON, Hrsg. *Sozialpsychologie: Eine Einführung*. Berlin: Springer. S. 144-170.

STEPHAN, Achim und Henrik WALTER, 2004. *Natur und Theorie der Emotion*. 2. Auflage. Paderborn: Mentis-Verlag.

STÖGER, Heidrun, Dieter FREY, Lutz von ROSENSTIEL und Eva JONAS, 2007. Nachentscheidungsphase. In: Lutz von ROSENSTIEL und Dieter FREY, Hrsg. *Marktpsychologie*. Göttingen: Hogrefe Verlag, S. 233-290. Enzyklopädie der Psychologie. 5.

STRAHAN, Ein J., Steven J. SPENCER und Mark P. ZANNA, 2003. Subliminal priming and persuasion: Striking while the iron is hot. In: *Journal of Personality and Social Psychology*, **38**, S. 556-568.

STUART, Elnora W., Terence A. SHIMP und Randall W. ENGLE, 1987. Classical conditioning of consumer attitudes: Four experiments in an advertising context. In: *Journal of Consumer Research*, **14**, S. 334-349.

TAN, Alexis S., 1979. TV beauty ads and role expectations of adolescent female viewers. In: *Journalism Quarterly*, **56**, S. 283-288.

THORNDIKE, Edward L., 1920. A constant error in psychological ratings. In: *Journal of Applied Psychology*, **4**, S. 25-29.

TRAPPEY, Charles, 1996. A Meta-Analysis of Consumer Choice and Subliminal Advertising. In: *Psychology and Marketing*, **13**, S. 517-530.

TVERSKY, Amos und Daniel KAHNEMAN, 1974. Judgment under Uncertainty: Heuristics and Biases. In: *Science*, **185**, S. 1124-1131.

TVERSKY, Amos, 1977. Features of Similarity. In: *Psychological Review*, **84**, S. 327-352.

TVERSKY, Amos und Daniel KAHNEMAN, 1981. The Framing of Decisions and the Psychology of Choice. In: *Science*, **211**, S. 453-458.

TWAIN, Mark, 1960. *The Adventures of Tom Sawyer & Huckelberry Finn*. New York: Platt & Munk.

VOLLBRECHT, Ralf, 1997. „Früher oder später kriegen wir euch doch …“: Über Trendforschung, Sponsoring, Eventmarketing und die Konstruktion von Erlebniswelten. In: Dorothee M. MEISTER und Uwe SANDER, Hrsg. *Kinderalltag und Werbung: zwischen Manipulation und Faszination*. Neuwied: Luchterhand, S. 62-75.

VOLLBRECHT, Ralf, 1999. Kinder und Medien: Medienverständnis und Medienschutz von Kindern im Vor- und Grundschulalter. In: *Zeitschrift für Familienforschung*, **11**, S. 56-71.

VOLLBRECHT, Ralf, 2003. Aufwachsen in Medienwelten. In: Karsten FRITZ, Stephan STING und Ralf VOLLBRECHT, Hrsg. *Mediensozialisation. Pädagogische Perspektiven des Aufwachsens in Medienwelten*. Opladen: Leske + Budrich, S. 13-24.

WAGNER, Hauke, 2002. *Möglichkeiten der Werbespots im Fernsehen und im Internet. Wie Ihr Kind durch Fernsehen und Fernsehwerbung beeinflusst wird*. Gelnhausen: Wager Verlag.

WAHRIG-BURFEIND, Renate, 2000. *Wahrig Fremdwörterlexikon*. 2. Auflage. München: Bertelsmann Lexikon Verlag.

WALTHER, Eva, 2002. Guilty by mere association: Evaluative conditioning and the spreading attitude effect. In: *Journal of Personality and Social Psychology*, **82**, S. 919-934.

WALTHER, Eva und Sofia GRIGORIADIS, 2004. Why sad people like shoes better: The influence of mood on the evaluative conditioning of consumer attitudes. In: *Psychology & Marketing*, **21**, S. 755-773.

WEINBERG, Peter, 1995. Kommunikation im Erlebnismarketing. In: Torsten TOMCZAK, Frank MÜLLER und Roland MÜLLER, Hrsg. *Die Nicht-Klassiker der Unternehmenskommunikation*. St. Gallen: Thexis. S. 98-103.

WEISCHENBERG, Siegfried, 2004. *Mediensysteme - Medienethik – Medieninstitu-tionen*. 3. Auflage. Wiesbaden: Springer. Journalistik: Medienkommunikation: Theorie und Praxis. 1.

WICKLUND, Robert A., 1970. Prechoice Preference Reversal as a Result to Threat to Decision Freedom. In: *Journal of Personality and Social Psychology*, **14**, S. 8-17.

WINKIELMAN, Piotr und John T. CACIOPPO, 2001. Mind at Ease Puts a Smile on the Face: Psychophysiological Evidence That Processing Facilitation Elicits Positive Affect. In: *Journal of Personality and Social Psychology*, **81**, S. 989-1000.

WINKIELMAN, Piotr, Kent C. BERRIDGE und Julia L. WILBARGER, 2005. Uncon-scious Affective Reactions to Masked Happy Versus Angry Faces Influence Consumption Behavior and Judgments of Value. In: *Personality and Social Psychology Bulletin*, **31**, S. 121-135.

WINKLER, S., 1995. Wenn die Kasse zweimal klingelt. In: *TV-Movie*, **23**, S. 28.

WIRTSCHAFTSPSYCHOLOGISCHE GESELLSCHAFT, 2016. *5. Werbepsychologie* [online]. München: Wirtschaftspsychologische Gesellschaft, [Zugriff am 28.08.2016]. Verfügbar unter: http://www.wpgs.de/content/view/58/67/

YI, Youjae, 1990. The effects of contextual priming in print advertisements. In: *Journal of Consumer Research*, **17**, S. 215-222.

YOON, Kak, Paul D BOLLS und Darrel D. MUEHLING, 1999. The effect of involve-ment, arousal, and pace on claim and non-claim components of attitude to-ward the ad. In: *Media Psychology*, **1**, S. 331-352.

YZERBYT, Vincent. Y., Guy LORIES und Benoit DARDENNE, 1998. *Metacognition: Cognitive and Social Dimensions*. Thousand Oaks, CA: Sage Publications.

ZAJONC, Robert B., 1968. Attitudinal effects of mere exposure. In: *Journal of Per-sonality and Social Psychology* Monographs, **9**, S. 1-27.

ZAJONC, Robert B., 1980. Feeling and Thinking: Preferences Need No Inferences. In: *American Psychologist*, **35**, S. 151-175.

ZURSTIEGE, Guido, 2007. *Werbeforschung*. Konstanz: UVK Verlagsgesellschaft.